Impressum
Verlag: BABADADA GmbH, Nedderfeld 112 , 22529 Hamburg
Geschäftsführer / Verlagsleitung: Harald Hof
Druck: Books on Demand GmbH, In de Tarpen 42, 22848 Norderstedt

Imprint
Publisher: BABADADA GmbH, Nedderfeld 112 , 22529 Hamburg, Germany
Managing Director / Publishing direction: Harald Hof
Print: Books on Demand GmbH, In de Tarpen 42, 22848 Norderstedt

# l'école
# ကျောင်း

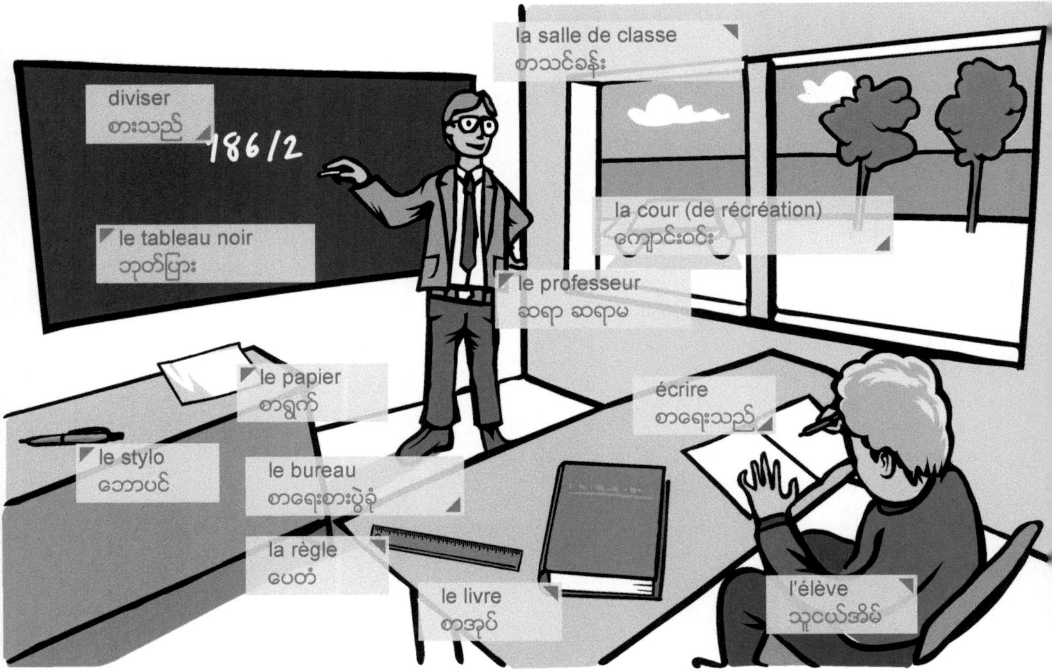

la salle de classe
စာသင်ခန်း
diviser
စားသည်
186/2
le tableau noir
ဘုတ်ပြား
la cour (de récréation)
ကျောင်းဝင်း
le professeur
ဆရာ ဆရာမ
le papier
စာရွက်
écrire
စာရေးသည်
le stylo
ဘောပင်
le bureau
စာရေးစားပွဲခုံ
la règle
ပေတံ
le livre
စာအုပ်
l'élève
သူငယ်အိမ်


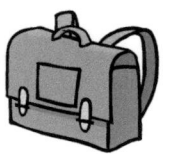

le cartable

အဖုံးပါ ဘေးလွယ်အိတ်

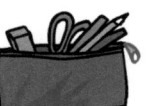

la trousse

ခဲတံဘူး

le crayon

ခဲတံ

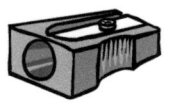

le taille-crayon

ချွန်စက်

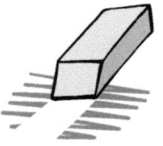

la gomme

ခဲဖျက်

le carnet à dessin

ပုံဆွဲစာအုပ်

**le dessin**

ပုံဆွဲခြင်း

**le pinceau**

ဆေးခြယ်သည့် စုပ်တံ

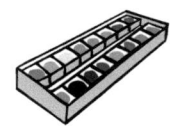

**la boîte de peinture**

အရောင်စုံ ပုံး

**les ciseaux**

ကပ်ကြေး

**la colle**

ကော်

**le cahier d'exercices**

လေ့ကျင့်ခန်းစာအုပ်

**les devoirs**

အိမ်စာ

**12**

**le chiffre**

နံပါတ်

**2+2**

**additionner**

ပေါင်းသည်

**5-2**

**soustraire**

နုတ်သည်

**2×2**

**multiplier**

မြှောက်သည်

**calculer**

တွက်ပါ

**A**

**la lettre**

စာ

**ABCDEFG HIJKLMN OPQRSTU VWXYZ**

**l'alphabet**

အက္ခရာ

**le mot**

စကားလုံး

le texte

ဖတ်စာအုပ်

lire

ဖတ်သည်

la craie

မြေဖြူ

la leçon

သခန်းစာ

le livre de classe

ကျောင်းခေါ်ချိန်
မှတ်တမ်းစာအုပ်

l'examen

စာမေးပွဲ

le certificat

အထောက်အထားလက်မှတ်

l'uniforme scolaire

ကျောင်းဝတ်စုံ

la formation

ပညာရေး

le lexique

စွယ်စုံကျမ်း

l'université

တက္ကသိုလ်

le microscope

အနက်ကြည့်မှန်ပြောင်း

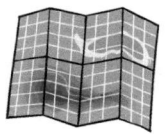

la carte

မြေပုံ

la corbeille à papier

အမှိုက်စက္ကူပုံး

# le voyage
# ခရီးသွားသည်

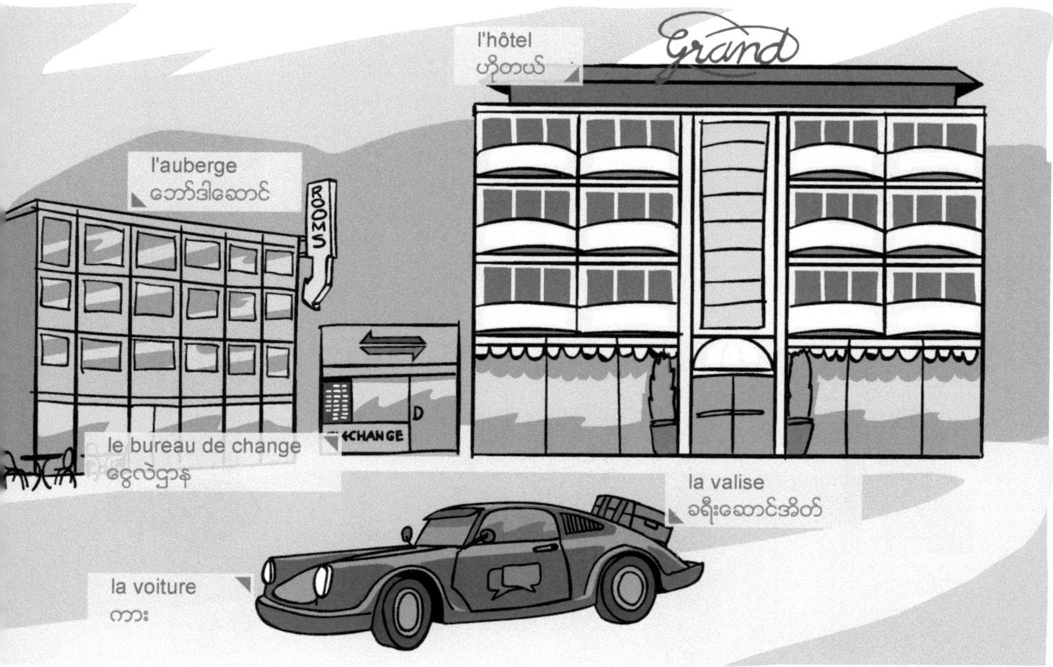
l'hôtel
ဟိုတယ်
Grand
l'auberge
ဘော်ဒါဆောင်
ROOMS
le bureau de change
ငွေလဲဌာန
CHANGE
la valise
ခရီးဆောင်အိတ်
la voiture
ကား

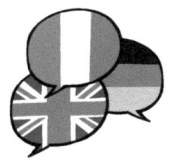

la langue
ဘာသာစကား

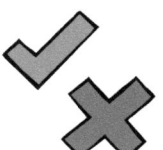

oui / non
မှန် / မှား

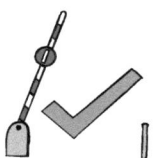

d'accord
အိုကေ

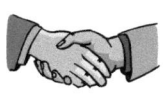

Salut
ဟယ်လို

l'interprète
ဘာသာပြန်

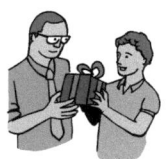

merci
ကျေးဇူးတင်ပါတယ်

**Combien coûte...?**

......က ဘယ်လောက်လဲ။

**Je ne comprends pas**

ကျွန်ုပ် နားမလည်ဘူး

**le problème**

ပြဿနာ

**Bonsoir !**

မင်္ဂလာ ညနေခင်းပါ။

**Bonjour !**

မင်္ဂလာ နံနက်ခင်းပါ။

**Bonne nuit !**

မင်္ဂလာ ညပါ။

**Au revoir**

ဘိုင်းဘိုင်

**la direction**

ဦးတည်ရာ

**les bagages**

ခရီးဆောင်သေတ္တာ

**le sac**

အိတ်

**le sac-à-dos**

ကျောပိုးအိတ်

**l'hôte**

ဧည့်သည်

**la pièce**

အခန်း

**le sac de couchage**

တစ်ကိုယ်စာအိပ်ယာလိပ်

**la tente**

ရွက်ထည်တဲ

**l'office de tourisme**

ခရီးသွားဧည့်သည်အတွက်
သတင်းအချက်အလက်

**la plage**

ကမ်းခြေ

**la carte de crédit**

အကြွေးဝယ်ကတ်

**le petit-déjeuner**

နံနက်စာ

**le déjeuner**

နေ့လည်စာ

**le dîner**

ညစာ

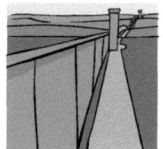

**le billet**

လက်မှတ်

**l'ascenseur**

ဓာတ်လှေကား

**le timbre**

တံဆိပ်ခေါင်း

**la frontière**

နယ်စပ်

**la douane**

အခွန်များ

**l'ambassade**

သံရုံး

**le visa**

ဗီဇာ

**le passeport**

နိုင်ငံကူးလက်မှတ်

# le transport
## သယ်ယူပို့ ဆောင်ရေး

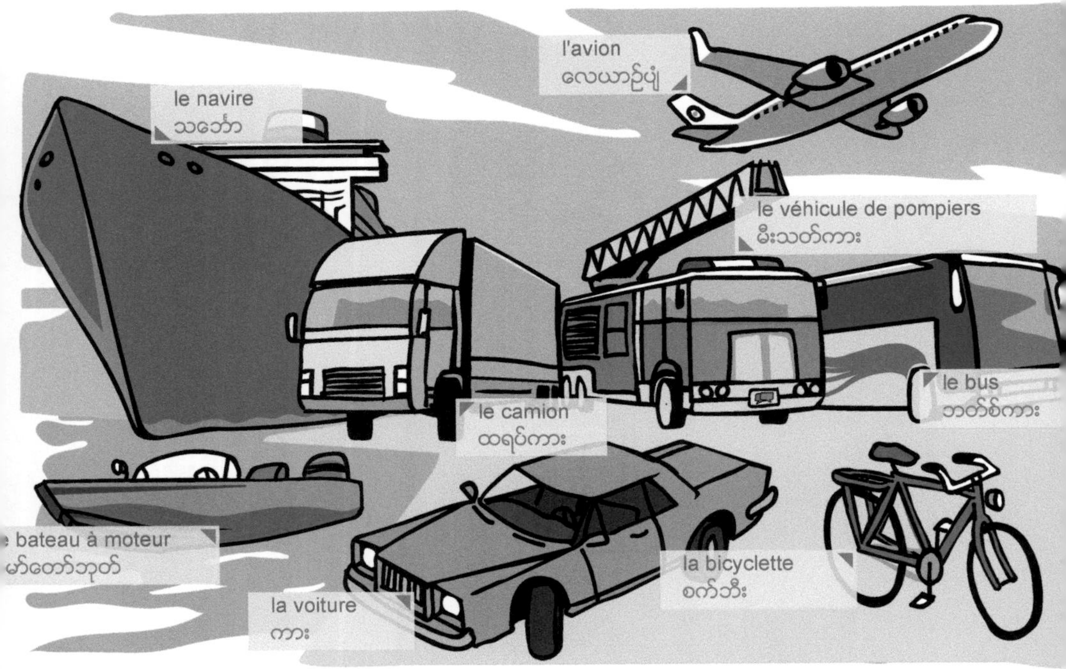

l'avion
လေယာဉ်ပျံ

le navire
သင်္ဘော

le véhicule de pompiers
မီးသတ်ကား

le bus
ဘတ်စ်ကား

le camion
ထရပ်ကား

le bateau à moteur
မော်တော်ဘုတ်

la bicyclette
စက်ဘီး

la voiture
ကား

le ferry
ဖယ်ရီသင်္ဘော

la barque
လှေ

la moto
မော်တော်ဆိုက်ကယ်

la voiture de police
ရဲကား

la voiture de course
ပြိုင်ကား

la voiture de location
စင်းလုံးငှားကား

l'auto-partage

ကားဝေမျှသုံးစွဲခြင်း

la voiture de remorquage

ပျက်နေသော ထရပ်ကား

la benne à ordures

အမှိုက်သယ်ယာဉ်

le moteur

မော်တာ

l'essence

လောင်စာ

la station d'essence

ဓာတ်ဆီဆိုင်

le panneau indicateur

လမ်းကြောပြ ဆိုင်းဘုတ်

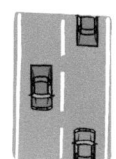

le trafic

ယာဉ်အသွားအလာ

l'embouteillage

လမ်းကြောပိတ်ဆို့မှု

le parking

ကားရပ်နားရာနေရာ

la gare

ရထားဘူတာရုံ

les rails

လမ်းကြောင်းများ

le train

ရထား

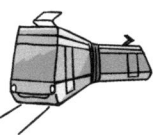

le tramway

ဓာတ်ရထား

le wagon

ရထားလုံး

le transport - သယ်ယူပို့ဆောင်ရေး

l'hélicoptère
ဟယ်လီကော်ပီတာ

l'aéroport
လေဆိပ်

la tour
တာဝါ

le passager
ခရီးသည်

le conteneur
ထည့်စရာပုံး

le carton
ကတ်ထူပုံး

le chariot
လှည်း

la corbeille
ခြင်း

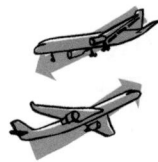

décoller / atterrir
ထွက်ခွာ / ဆိုက်ရောက်

# la ville
# မြို့တော်

le village
ကျေးရွာ

le centre-ville
မြို့လယ်ခေါင်

la maison
အိမ်

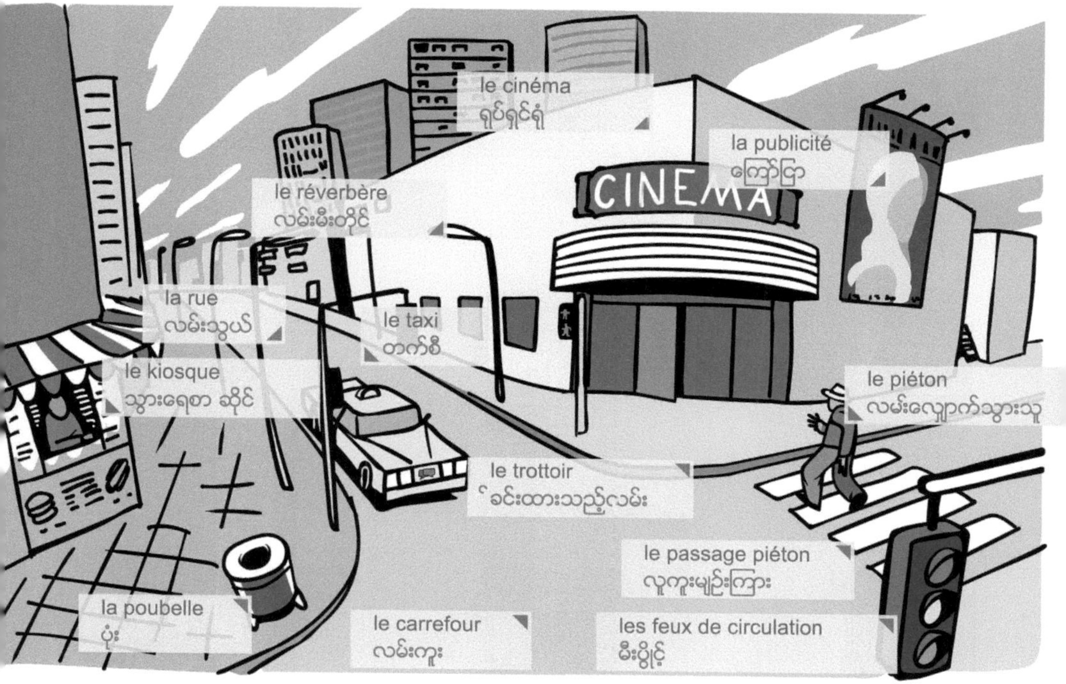

le cinéma
ရုပ်ရှင်ရုံ

la publicité
ကြော်ငြာ

le réverbère
လမ်းမီးတိုင်

la rue
လမ်းသွယ်

le taxi
တက္ကစီ

le kiosque
သွားရေစာ ဆိုင်

le piéton
လမ်းလျှောက်သွားသူ

le trottoir
ခြင်းထားသည့်လမ်း

le passage piéton
လူကူးမျဉ်းကြား

la poubelle
ပုံး

le carrefour
လမ်းကူး

les feux de circulation
မီးပွိုင့်

la cabane
တဲအိမ်

l'appartement
နေအိမ်ခန်း

la gare
ရထားဘူတာရုံ

la mairie
မြို့တော်ခန်းမ

le musée
ပြတိုက်

l'école
ကျောင်း

la ville - မြို့တော်

l'université

တက္ကသိုလ်

la banque

ဘဏ်

l'hôpital

ဆေးရုံ

l'hôtel

ဟိုတယ်

la pharmacie

ဆေးဆိုင်

le bureau

ရုံးခန်း

la librairie

စာအုပ်ဆိုင်

le magasin

ဆိုင်

le fleuriste

ပန်းရောင်းသူ၏

le supermarché

စူပါမားကတ်

le marché

ဈေး

le grand magasin

ပစ္စည်းမျိုးစုံရောင်းသည့်
စတိုးဆိုင်ကြီး

la poissonnerie

ငါးရောင်းသူ၏

le centre commercial

ဈေးဝယ်စင်တာ

le port

သင်္ဘောဆိပ်

le parc

အနားယူပန်းခြံ

la banque

ထိုင်ခုံတန်း

le pont

တံတား

les escaliers

လှေကားထစ်များ

le métro

မြေအောက်

le tunnel

ဥမင်လိုဏ်ခေါင်း

l'arrêt de bus

ဘတ်စ်ကားမှတ်တိုင်

le bar

ဘား

le restaurant

စားသောက်ဆိုင်

la boîte à lettres

စာတိုက်သေတ္တာ

le panneau indicateur

လမ်းဆိုင်းဘုတ်

le parcmètre

ကားရပ်နားခ ကောက်ခံသည့် မီတာ

le zoo

တိရိစ္ဆာန်ရုံ

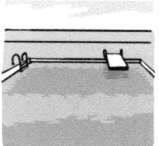

le réverbère

ရေကူးကန်

la mosquée

ဗလီ

la ferme

လယ်ယာ

la pollution

ညစ်ညမ်းမှု

la cimetière

သချႋုင်းကုန်း

l'église

ဘုရားရှိခိုးကျောင်း

l'aire de jeux

ကစားကွင်း

le temple

ဘုရားကျောင်း

# le paysage
## ရှုခင်း

la feuille — သစ်ရွက်

le panneau indicateur — ဆိုင်းဘုတ်

le chemin — လမ်း

le pré — မြက်ခင်း

la pierre — ကျောက်တုံး

l'arbre — သစ်ပင်

le randonneur — တောင်တက်သမား

la rivière — မြစ်

l'herbe — မြက်

la fleur — ပန်း

la vallée

တောင်ကြား

la montagne

တောင်ကုန်း

le lac

ရေကန်

la forêt

သစ်တော

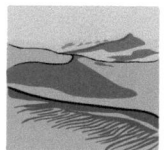

le désert

သဲကန္တာရ

le volcan

မီးတောင်

le château

ရဲတိုက်

l'arc-en-ciel

သက်တန့်

le champignon

မှို

le palmier

ထန်းပင်

le moustique

ခြင်

la mouche

ယင်ကောင်

les fourmis

ပုရွက်ဆိတ်

l'abeille

ပျား

l'araignée

ပင့်ကူ

le paysage - ရှုခင်း

le coléoptère

ပိုးတောင်မာ

la grenouille

ဖား

l'écureuil

ရှဉ့်

le hérisson

ဖြူကောင်

le lièvre

ယုန်

la chouette

ဇီးကွက်

l'oiseau

ငှက်

le cygne

ငန်း

le sanglier

တောဝက်

le cerf

သမင်

l'élan

ချို့ပြားဒရယ်

le barrage

ဆည်

l'éolienne

လေအားသုံး
လျှပ်စစ်ဓာတ်အားပေးစက်

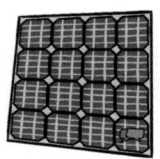

le panneau solaire

နေရောင်ခြည်ခံပြား

le climat

ရာသီဥတု

# le restaurant
# စားသောက်ဆိုင်

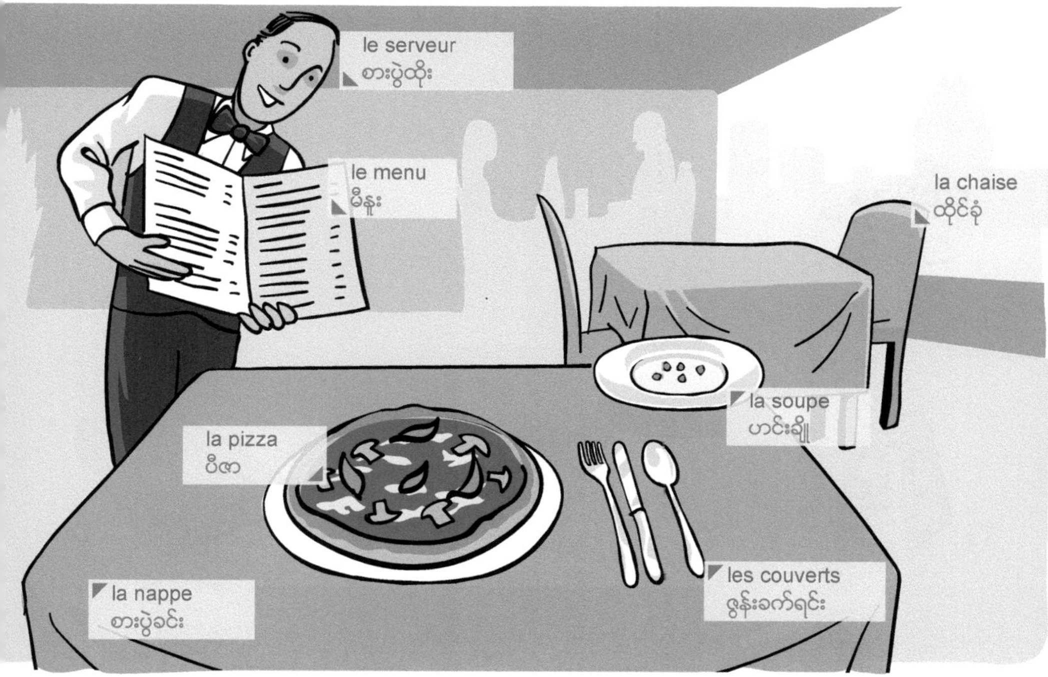
le serveur
စားပွဲထိုး
le menu
မီနူး
la chaise
ထိုင်ခုံ
la soupe
ဟင်းချို
la pizza
ပီဇာ
la nappe
စားပွဲခင်း
les couverts
ဇွန်းခက်ရင်း

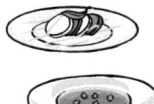

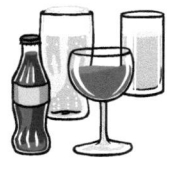

les hors d'œuvre

ပထမဆုံး စားသည့် အစာ

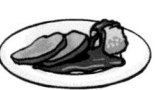

le plat principal

ပင်မ အစာ

le dessert

အချိုပွဲ

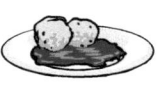

les boissons

သောက်စရာများ

l'alimentation

အစားအစာ

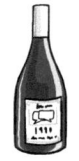

la bouteille

ပုလင်း

le fast-food

အသင့်ပြင်ပြီးသား အစားအစာ

les plats à emporter

လမ်းဘေးအစားအစာ

la théière

လက်ဖက်ရည်အိုး သို့မဟုတ်
ရေနွေးကြမ်းအိုး

le sucrier

သကြားအိုး

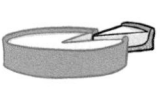

la portion

တစ်ယောက်စာ

la machine à expresso

အက်စက်ပရက်ဆို ကော်ဖီစက်

la chaise haute

ထိုင်ခုံအမြင့်

la facture

ငွေတောင်းခံလွှာ

le plateau

ဗန်း

le couteau

ဓါး

la fourchette

ခက်ရင်း

la cuillère

ဇွန်း

la cuillère à thé

လက်ဖက်ရည်ဇွန်း

la serviette

လက်သုတ်ပုဝါ

le verre

ရေသောက်ဖန်ခွက်

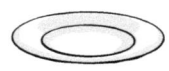

l'assiette

ပန်းကန်ပြား

l'assiette à soupe

ဟင်းချိုပန်းကန်ပြား

la soucoupe

ပန်းကန်ပြား

la sauce

ဆော့စ်

la salière

ဆားအိုး

le moulin à poivre

ငရုတ်ကောင်း ချေစက်

le vinaigre

ရှာလကာရည်

l'huile

ဆီ

les épices

ဟင်းခတ်အမွှေးအကြိုင်

le ketchup

ခရမ်းချဉ်သီးဆော့စ်

la moutarde

မုန်ညင်းဆီဆော့စ်

la mayonnaise

မယိုးနိစ်

# le supermarché
## စူပါမားကတ်

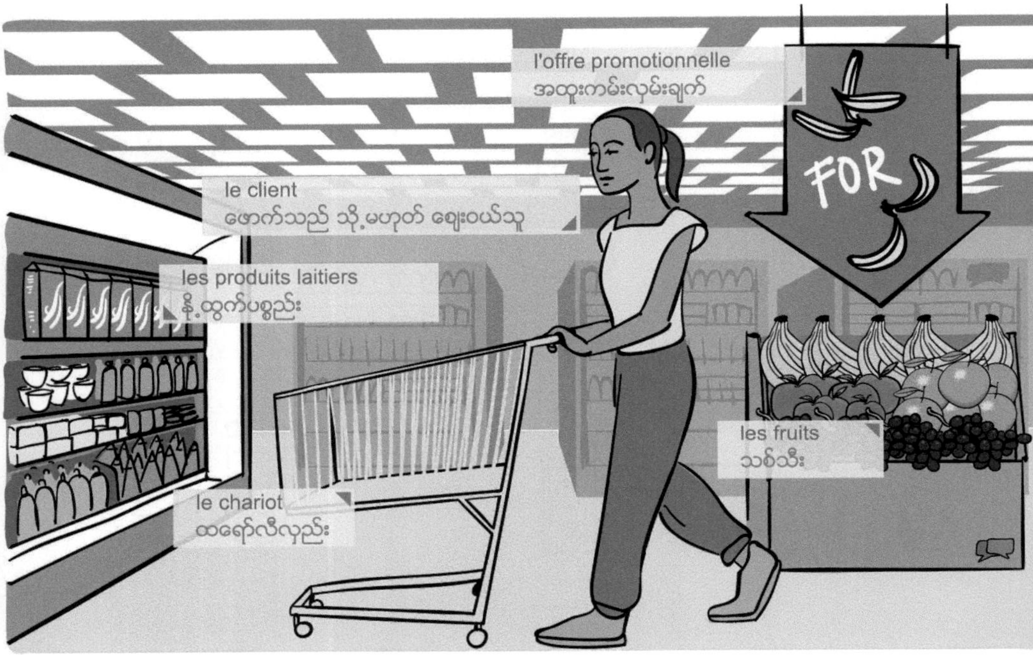

l'offre promotionnelle
အထူးကမ်းလှမ်းချက်
FOR
le client
ဖောက်သည် သို့မဟုတ် ဈေးဝယ်သူ
les produits laitiers
နို့ထွက်ပစ္စည်း
les fruits
သစ်သီး
le chariot
ထရော်လီလှည်း

BUTCHERS
la boucherie

သားသတ်သမား၏

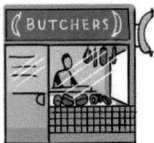

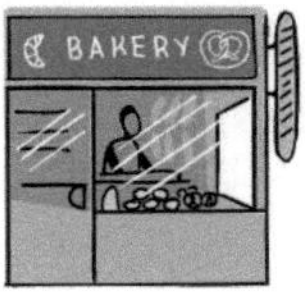

BAKERY
la boulangerie

မုန့်ဖုတ်သမား၏

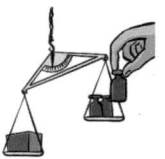

peser

အလေးချိန်သည်

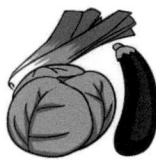

les légumes

ဟင်းသီးဟင်းရွက်

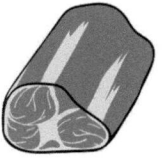

la viande

အသား

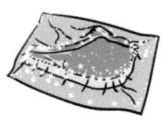

les aliments surgelés

အေးခဲထားသည့် အစားအစာ

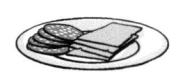

la charcuterie

ခြင်ဆင်ထားသော အသားအေား

les conserves

သံဗူးသွပ် အစားအစာ

la poudre à lessive

ဆပ်ပြာမှုန့်

les bonbons

သကြားလုံးများ

les articles ménagers

အိမ်သုံး ပစ္စည်းများ

les détergents

သန့်ရှင်းရေး ပစ္စည်းများ

la vendeuse

ဈေးရောင်းသူ

la caisse

အထီ

le caissier

ငွေကိုင်

la liste d'achats

ဈေးဝယ်စာရင်း

les heures d'ouverture

ဖွင့်ချိန်နာရီများ

le portefeuille

အိတ်ဆောင် ပိုက်ဆံအိတ်

la carte de crédit

အကြွေးဝယ်ကတ်

le sac

အိတ်

le sac en plastique

ပလတ်စတစ်အိတ်

le supermarché - စူပါမားကတ်

l'eau

ရေ

le jus de fruit

သစ်သီးဖျော်ရည်

le lait

နွားနို့

le coca

ကိုကာကိုလာ

le vin

ဝိုင်

la bière

ဘီယာ

l'alcool

အရက်

le chocolat chaud

ကိုကိုးမှုန့်

le thé

လက်ဖက်ရည် သို့မဟုတ်
ရေနွေးကြမ်း

le café

ကော်ဖီ

l'expresso

အက်စ်ပရက်ဆို ကော်ဖီ

le cappuccino

ကပူချီနိုကော်ဖီ

la banane

ငှက်ပျောသီး

la pomme

ပန်းသီး

l'orange

လိမ္မော်သီး

le melon

ဖရဲသီးမျိုးဝင်

le citron.

သံပုယိုသီး

la carotte

မုန်လာဥနီ

l'ail

ကြက်ညှင်းဖြူ

le bambou

မျှစ်

l'oignon

ကြက်သွန်နီ

le champignon

မှို

les noisettes

ပဲစေ့များ

les pâtes

ခေါက်ဆွဲ

**les spaghetti**
စပါဂတီ ခေါ် အီတလီ ခေါက်ဆွဲ

**le riz**
ထမင်း

**la salade**
ဆလပ်ရွက်သုတ်

**les pommes frites**
အကြွပ်ကြော်များ

**les pommes de terre rôties**
အာလူးကြော်

**la pizza**
ပီဇာ

**le hamburger**
ဟမ်ဘာဂါ

**le sandwich**
အသားညှပ်ပေါင်မုန့်

**l'escalope**
ကတ်တလိပ်

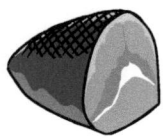

**le jambon**
ဝက်ပေါင်ခြောက်

**le salami**
ဆလာမီ

**la saucisse**
ဝက်အူချောင်း

**le poulet**
ကြက်သား

**le rôti**
ရို့စ်လုပ်ခြင်း

**le poisson**
ငါး

les flocons d'avoine

ကွေကာအုတ်

le muesli

မျူးစလီ

les cornflakes

ပြောင်းစေ့ပြား

la farine

ဂျုံမုန့်

le croissant

ခရာဆွန်း ခေါ်
ပြင်သစ်ပေါင်မုန့်တစ်မျိုး

les petits-pains

ပေါင်မုန့်လိပ်

le pain

ပေါင်မုန့်

le pain grillé

ပေါင်မုန့် မီးကင်

les biscuits

ဘီစကစ်

le beurre

ထောပတ်

le fromage blanc

ဒိန်ခဲ

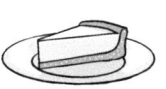

le gâteau

ကိတ်မုန့်

l'œuf

ဥ

l'œuf au plat

ဥကြော်

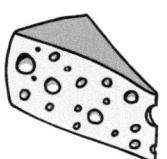

le fromage

ချိစ်

la glace

ရေခဲမုန့်

le sucre

သကြား

le miel

ပျားရည်

la confiture

ယို

la crème nougat

ယိုသုတ်စားသည့် ချောကလက်

le curry

ဟင်း

# la ferme
# လယ်ယာ

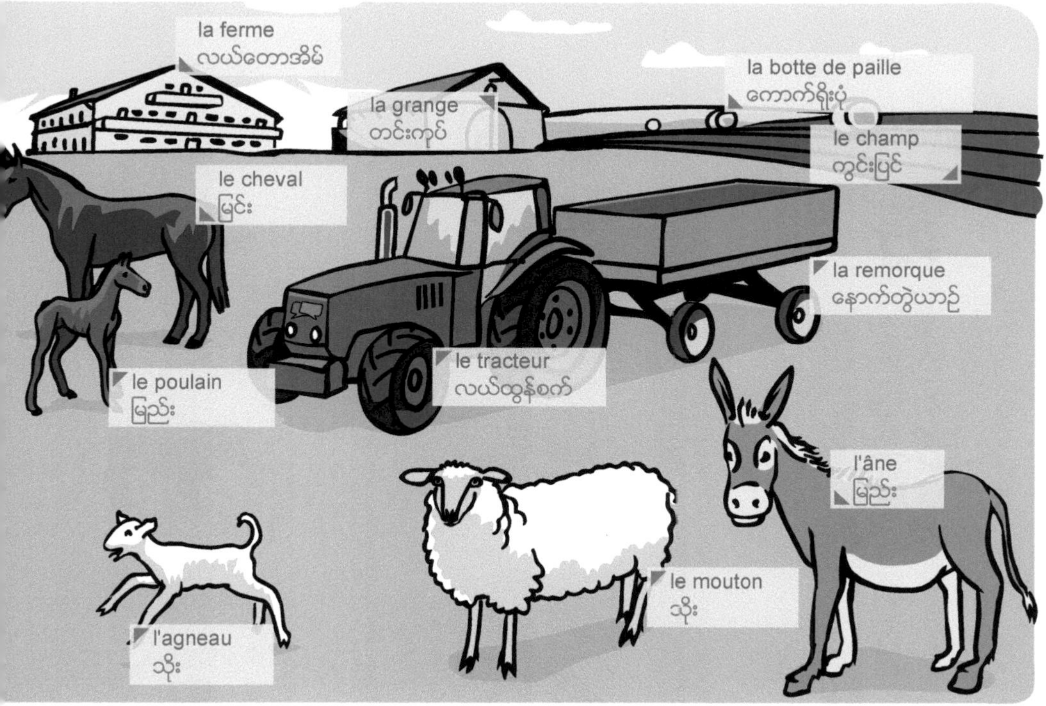

la ferme
လယ်တောအိမ်
la grange
တင်းကုပ်
la botte de paille
ကောက်ရိုးပုံ
le champ
ကွင်းပြင်
le cheval
မြင်း
la remorque
နောက်တွဲယာဉ်
le tracteur
လယ်ထွန်စက်
le poulain
မြည်း
l'âne
မြည်း
le mouton
သိုး
l'agneau
သိုး


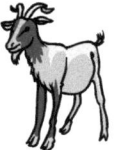

la chèvre

ဆိတ်

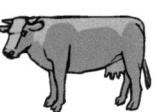

la vache

နွားမ

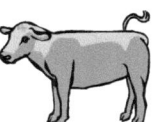

le veau

နွားလေး

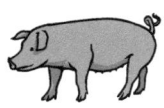

le porc

ဝက်

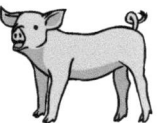

le porcelet

ဝက်ကလေး

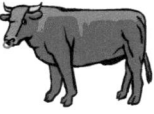

le taureau

နွားထီး

l'oie

ဘဲငန်း

le canard

ဘဲ

le poussin

ကြက်ပေါက်ကလေး

la poule

ကြက်မ

le coq

ကြက်ဖ

le rat

ကြွက်

le chat

ကြောင်

la souris

ကြွက်ကလေး

le bœuf

နွားထီး

le chien

ခွေး

le chenil

ခွေးအိမ်

le tuyau de jardin

ပန်းခြံရေပိုက်

l'arrosoir

ရေလောင်းသည့်ခွက်

la faucheuse

တံစဉ်အပြားကြီး

la charrue

ထယ်

la faucille

တံစဉ်

la pioche

ပေါက်ပြား

la fourche

ကောက်ဆွ

la hache

ပေါက်ချွန်း

la brouette

ဘီးတပ် လက်တွန်းလှည်း

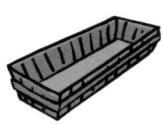

la cuve

စားခွက်

le pot à lait

နို့ပုံး

le sac

အိတ်

la clôture

ခြံစည်းရိုး

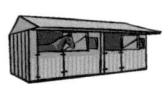

l'étable

မြင်းဇောင်း

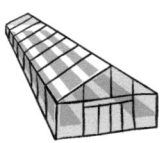

le serre

မှန်လုံအိမ်

le sol

မြေကြီး

les semences

အစေ့

l'engrais

မြေသြဇာ

la moissonneuse-batteuse

စုပေါင်း ရိတ်သိမ်းသူ

récolter

ရိတ်သိမ်းသည်

la récolte

ရိတ်သိမ်းသည်

l'igname

ပိလောပိနံ

le blé

ဂျုံ

le soja

ပဲပုပ်

la pomme de terre

အာလူး

le maïs

ပြောင်း

le colza

နံစားပြောင်းဆီ

l'arbre fruitier

အသီးပင်

le manioc

ပိလောပိနံ

les céréales

စီရီရယ် ခေါ် နံနက်စာတစ်မျိုး

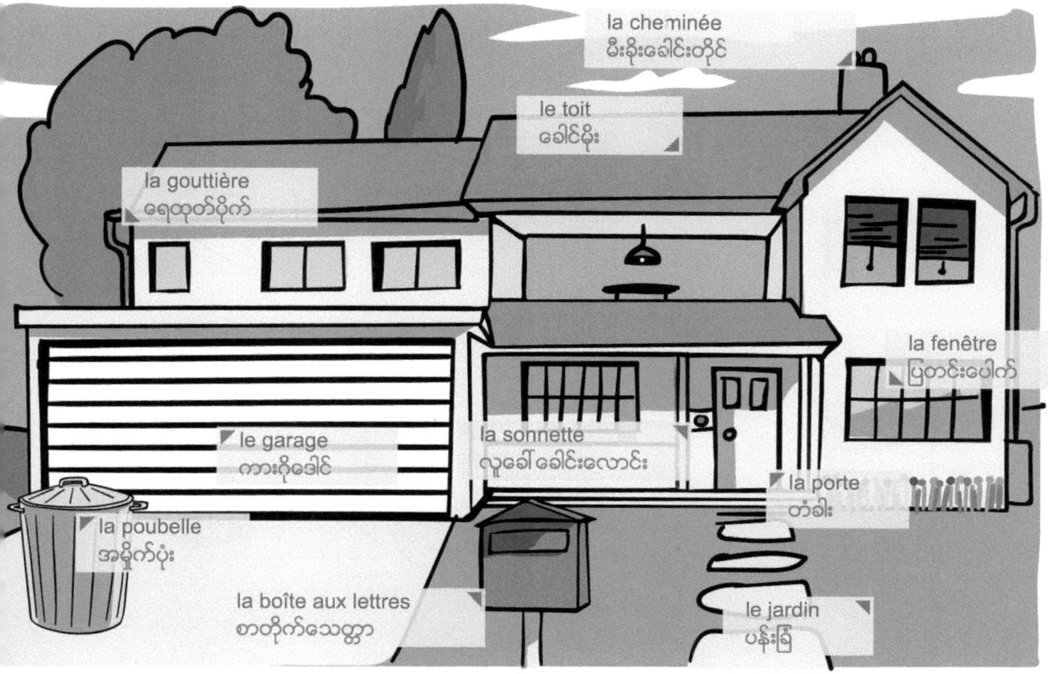

la cheminée
မီးခိုးခေါင်းတိုင်

le toit
ခေါင်မိုး

la gouttière
ရေထွက်ပိုက်

la fenêtre
ပြတင်းပေါက်

le garage
ကားဂိုခေါင်

la sonnette
လူခေါ်ခေါင်းလောင်း

la porte
တံခါး

la poubelle
အမှိုက်ပုံး

la boîte aux lettres
စာတိုက်သေတ္တာ

le jardin
ပန်းခြံ

le salon
ဧည့်ခန်း

la salle de bain
ရေချိုးခန်း

la cuisine
မီးဖိုချောင်

la chambre à coucher
အိပ်ခန်း

la chambre d'enfant
ကလေး အခန်း

la salle à manger
ထမင်းစားခန်း

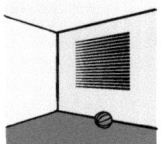

le sol

ကြမ်းပြင်

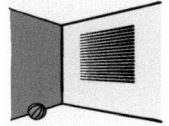

le mur

နံရံ

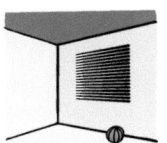

le plafond

မျက်နှာကြက်

la cave

မြေအောက်ခန်း

le sauna

ချွေးထုတ်ခန်း

le balcon

ဝရန်တာ

la terrasse

ဝရန်တာ

la piscine

ရေကူးကန်

la tondeuse à gazon

မြက်ရိတ်စက်

la housse

အချုပ်

la couette

အိပ်ယာခင်း

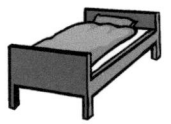

le lit

အိပ်ယာ

le balai

တံမြက်စည်း

le sceau

ရေပုံး

l'interrupteur

မီးခလုတ်

# le salon

# ဧည့်ခန်း

le papier peint
နံရံကပ်စက္ကူ
l'image
ဓာတ်ပုံ
la lampe
စားပွဲတင် မီးအိမ်
l'étagère
စင်
l'armoire
နံရံကပ် ဗီရို
la télé
တယ်လီဗွီးရှင်း
la cheminée
မီးလင်းဖို
la fleur
ပန်း
le coussin
ကူရှင်
le sofa
ဆိုဖာ
le vase
ပန်းအိုး
la télécommande
အဝေးထိန်း ကိရိယာ

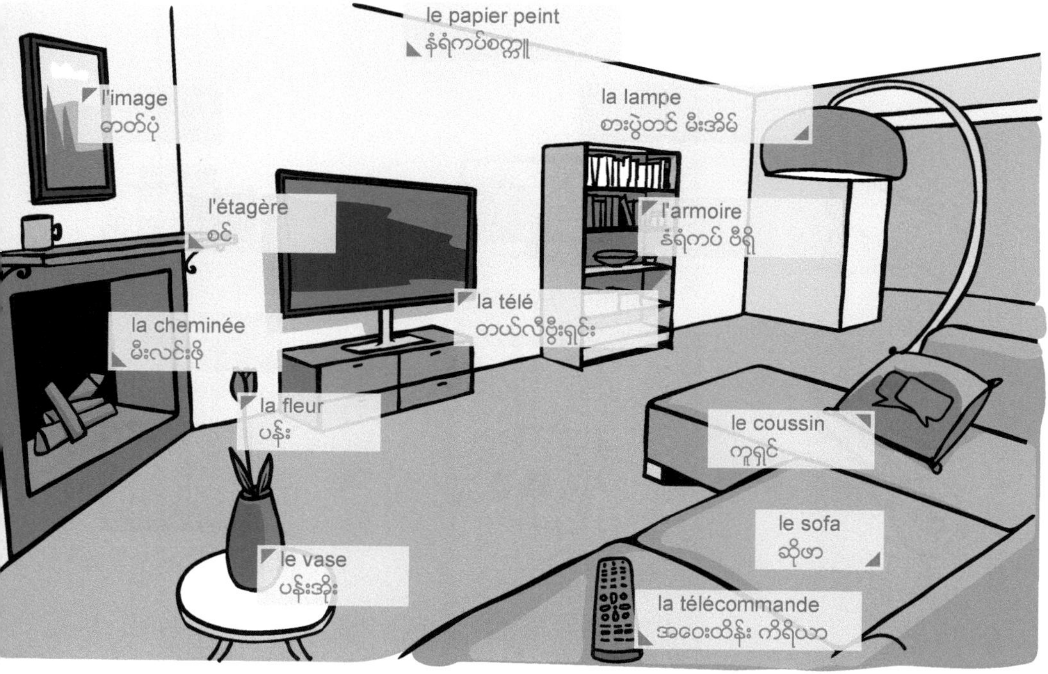

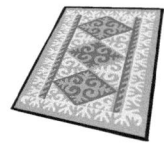

le tapis

ကော်ဇော

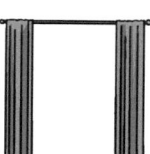

le rideau

ကန့်လန့်ကာ

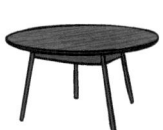

la table

စားပွဲခုံ သို့မဟုတ် ဇယား

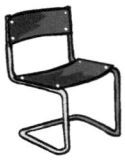

la chaise

ထိုင်ခုံ

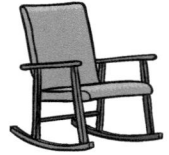

la chaise à bascule

ရှေ့နောက် ယိမ်းနိုင်သည့် ထိုင်ခုံ

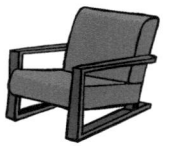

le fauteuil

လက်တင်ထိုင်ခုံ

**le livre**

စာအုပ်

**la couverture**

စောင်

**la décoration**

အပြင်အဆင်

**le bois de chauffage**

ထင်း

**le film**

ဖလင် သို့မဟုတ် ရုပ်ရှင်

**la chaîne hi-fi**

ဟိုင်ဖိုင် ကိရိယာ

**la clé**

သော့

**le journal**

သတင်းစာ

**la peinture**

ပန်းချီကား

**le poster**

ပိုစတာ

**la radio**

ရေဒီယို

**le bloc-notes**

မှတ်စုစာရွက်အုပ်

**l'aspirateur**

ဖုံစုပ်စက်

**le cactus**

ရှားစောင်းပင်

**la bougie**

ဖယောင်းတိုင်

# la cuisine
## မီးဖိုချောင်

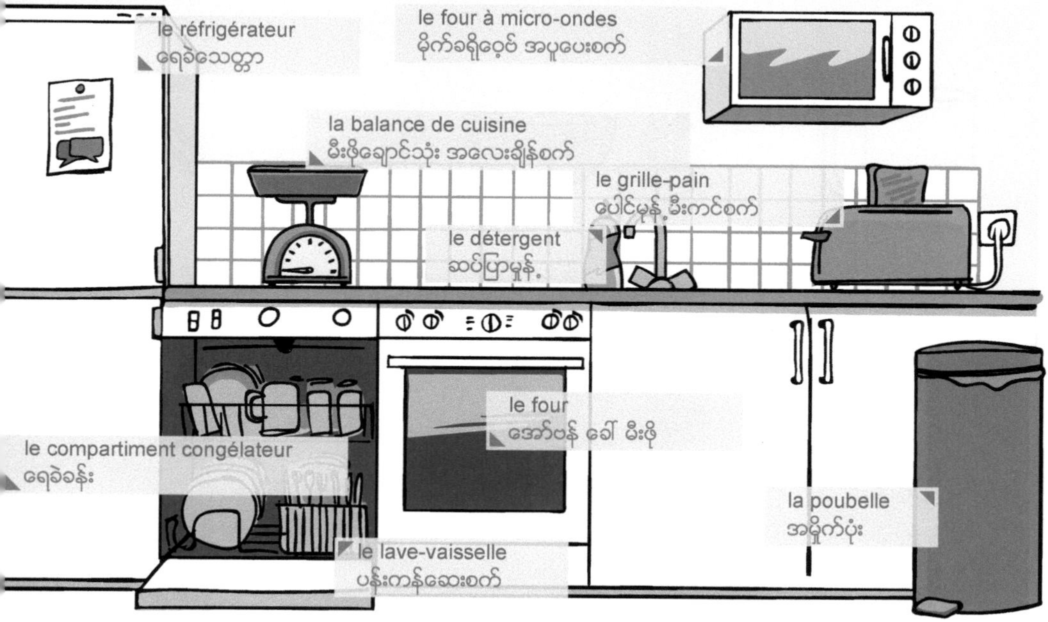

le réfrigérateur
ရေခဲသေတ္တာ
le four à micro-ondes
မိုက်ခရိုဝေ့ဗ် အပူပေးစက်
la balance de cuisine
မီးဖိုချောင်သုံး အလေးချိန်စက်
le grille-pain
ပေါင်မုန့် မီးကင်စက်
le détergent
ဆပ်ပြာမှုန့်
le four
အောဗ်ဗန် ခေါ် မီးဖို
le compartiment congélateur
ရေခဲခန်း
la poubelle
အမှိုက်ပုံး
le lave-vaisselle
ပန်းကန်ဆေးစက်


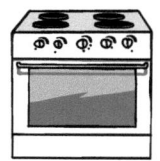

le four

လျှပ်စစ် ချက်ပြုတ်အိုး

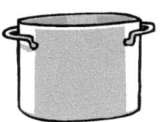

la casserole

အိုး

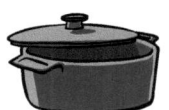

la marmite

သံအိုးကြီး

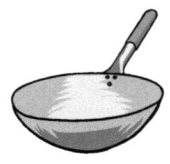

le wok / kadai

မွှေကြော်သည့် ဒယ်အိုးကြီး / ကာဒိုင်း

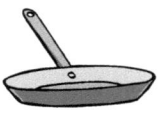

la poêle

ဒယ်အိုး

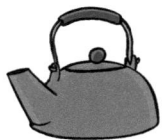

la bouilloire electrique

ရေနွေးတည်သည့်အိုး

le cuiseur vapeur
ပေါင်းစက်

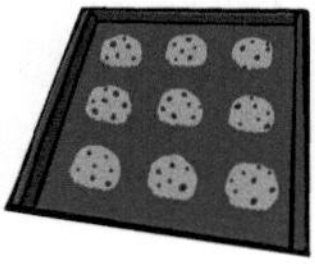

la plaque de cuisson
မုန့်ဖုတ်သည့် ဗန်း

la vaisselle
ကြွေပန်းကန်ပြား ခွက်ယောက်

le gobelet
မတ်ခွက်

la coupe
ဇလုံပန်းကန်

les baguettes
အစာစားသည့်တူများ

la louche
ယောက်ချို

la spatule
မွှေသည့်အတံ

le fouet
ခေါက်တံ

la passoire
စစ်သည့် အရာ

le tamis
စကော

la râpe
ခြစ်သည့်ကိရိယာ

le mortier
ငြုပ်ဆုံ

le barbecue
ဘာဘီကျူးကင်

la cheminée
ထင်းမီးဖို

la planche à découper

စင်းနှီးဝုံး

le rouleau à pâtisserie

လည်နေသောပင်

le tire-bouchon

ဖော့ဆို့

la boîte

သံပုံး

l'ouvre-boîte

သံပုံးဖောက်တံ

les maniques

အိုးတင်သည့်အရာ

le lavabo

ရေဆေးသည့် နေရာ

la brosse

စုပ်တံ

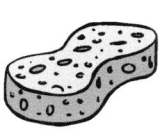

l'éponge

ရေမြုပ်

le mixeur

မွှေသည့်စက်

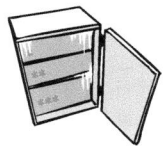

le congélateur

အေးခဲသည့် ရေခဲခန်း

le biberon

ကလေးနို့ဗူး

le robinet

ရေပိုက်ခေါင်း

# la salle de bain
## ရေချိုးခန်း

le chauffage
အပူပေးခြင်း
la serviette
မျက်နှာသုတ်ပုဝါ
la douche
ရေပန်း
le rideau de douche
ရေချိုးခန်းကန့်လန့်ကာ
le bain moussant
ရေစိမ်ချိုးရန် ရေမြှုပ်ဆပ်ပြာရည်
la baignoire
ရေစိမ်ချိုးသည့်ကန်
le verre
ရေသောက်ဖန်ခွက်
la machine à laver
အဝတ်လျှော်စက်
le robinet
ရေပိုက်ခေါင်း
le carrelage
ကျောက်ပြားများ
le pot
အပေါ့အလေး စွန့်သည့်အိုး
le lavabo
ရေဆေးသည့် နေရာ


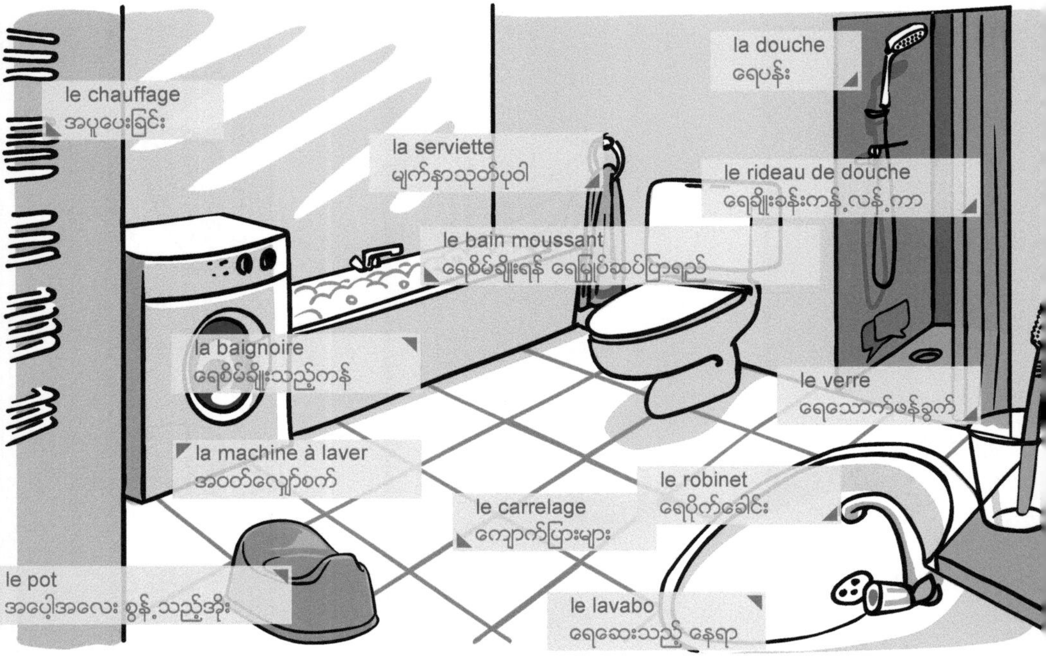

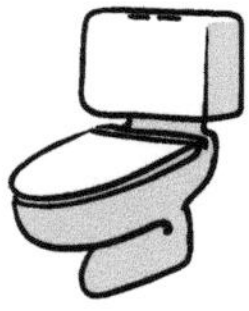

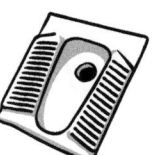

les toilettes

အိမ်သာ

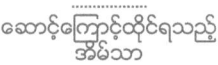

la toilette à la turque

ဆောင့်ကြောင့်ထိုင်ရသည့် အိမ်သာ

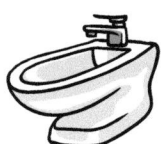

le bidet

အမျိုးသမီးသုံး အောက်ပိုင်းဆေးသည့် ကမုတ်

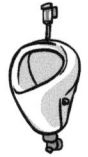

l'urinoir

အမျိုးသား ဆီးသွားသည့်ကမုတ်

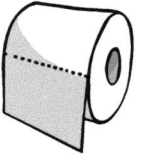

le papier toilette

အိမ်သာသုံး စက္ကူ

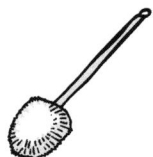

la brosse à toilette

အိမ်သာတိုက် ဘရပ်ရှ်

la brosse à dents

သွားတိုက်တံ

le dentifrice

သွားတိုက်ဆေး

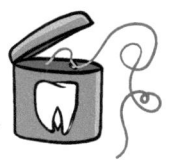

le fil dentaire

သွား ချေးထုတ်သည့် ကြိုး

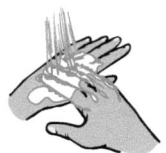

laver

ဆေးကြောသည်

la douche manuelle

လက်ကိုင် ရေပန်း

la douche intime

ရေပန်းဖြင့်ရေချိုးခြင်း

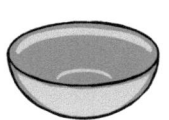

la vasque

ရေအင်တုံ

la brosse dorsale

နောက်ကျော ချေးတွန်းသည့်
ဘရပ်ရှ်

le savon

ဆပ်ပြာ

le gel douche

ရေချိုးဆပ်ပြာရည်

le shampooing

ခေါင်းလျှော်ရည်

le gant de toilette

ဖလန်နယ်စ

l'écoulement

ရေထွက်ပေါက်

la crème

ခရင်မ်

le déodorant

ဒီအော်ဒရန့် ခေါ်
ကိုယ်လိမ်းအမွေးနံ့သာ

la salle de bain  -  ရေချိုးခန်း

le miroir
မှန်

le miroir cosmétique
လက်ကိုင်မှန်

le rasoir
မုတ်ဆိတ်ရိတ်တံ

la mousse à raser
မုတ်ဆိတ်ရိတ်ရန် အမြှုပ်

l'après-rasage
မုတ်ဆိတ်ရိတ်ပြီး
လိမ်းသည့်အမွှေးနံ့သာ

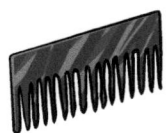

la peigne
ခေါင်းဘီး

la brosse
ဘရပ်ရှ်

le sèche-cheveux
ဆံပင်ခြောက်စက်

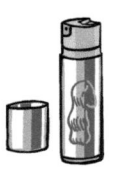

la laque pour cheveux
ဆံပင်ဖြန်းဆေး

le fond de teint
မိတ်ကပ်

le rouge à lèvres
နှုတ်ခမ်းဆိုးဆေး

le vernis à ongles
လက်သည်းဆိုးဆေး

l'ouate
ဝွမ်းလုံး

le coupe-ongles
လက်သည်းညှပ် ကပ်ကြေး

le parfum
ရေမွှေး

la trousse de toilette

ရေချိုးခန်းသုံး အိတ်

le tabouret

ခွေးခြေ

le pèse-personne

ကိုယ်အလေးချိန်တိုင်းသည့်စက်

le peignoir

ရေချိုးပြီး ဝတ်သည့်ဝတ်ရုံ

les gants de nettoyage

ရာဘာ လက်အိတ်များ

le tampon

တန်ပွန် ခေါ် ဓမ္မတာလာစဉ် မိန်း
မကိုယ်တွင်းထည့်သည့်အရာ

es serviettes hygiéniques

အမျိုးသမီး လစဉ်သုံးပုဝါစ

la toilette chimique

ဓာတုပစ္စည်းထည့်သုံးသည့်
အိမ်သာ

# la chambre d'enfant

## ကလေး အခန်း

le réveil
နှိုးစက်
le doudou
ဖက်အိပ်သည့်အရုပ်
la voiture jouet
အရုပ်ကား
le hochet
ခလောက်
la maison de poupée
အရုပ်မအိမ်
le cadeau
လက်ဆောင်

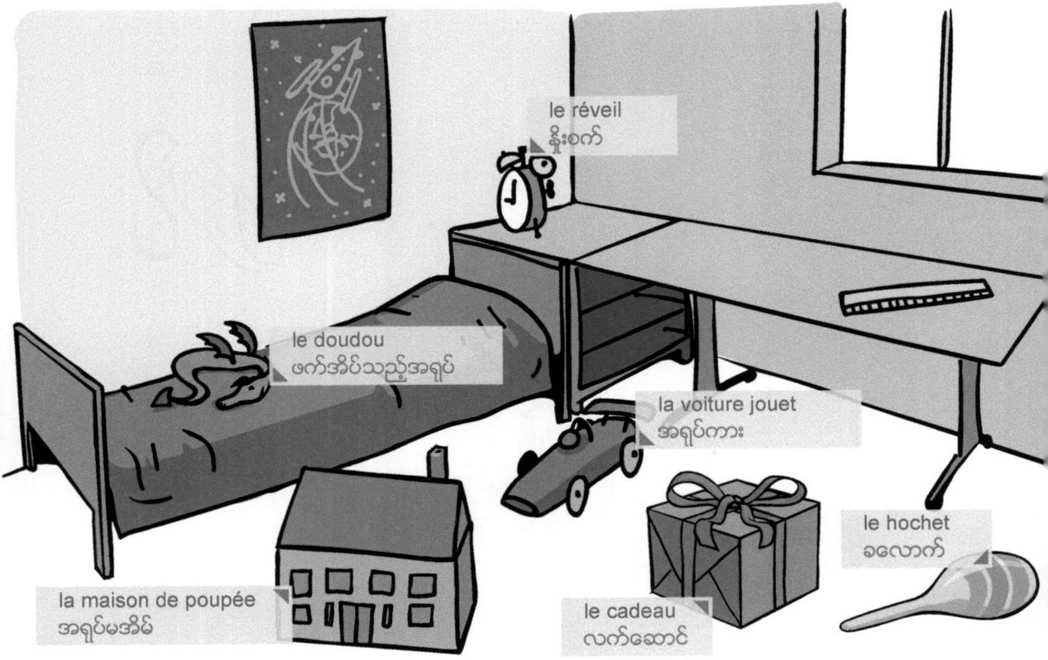

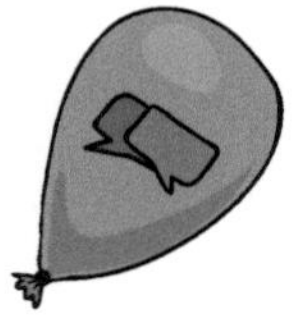

le ballon

ပူဖောင်း

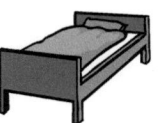

le lit

အိပ်ယာ

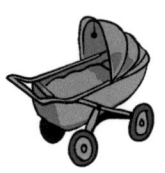

la poussette

ကလေးတွန်းလှည်း

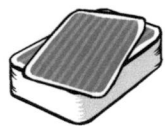

le jeu de cartes

ကစားသည့်ကတ်ထုပ်

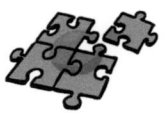

le puzzle

ဂျစ်ဆော ခေါ်
ဆက်၍ကစားသည့်
အပိုင်းအစများ

SUPER
MEGA

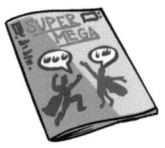

la bande dessinée

ရုပ်ပြစာအုပ်

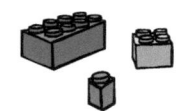

**les pièces lego**

ဆောက်၍ကစားသည့် လေဂို အတုံးများ

**les blocs de construction**

ဆောက်၍ကစားသည့် အတုံးများ

**la figurine**

လှုပ်ရှားလုပ်ကိုင်သူ

**la grenouillère**

ဘောဒီဂရိုး

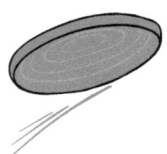

**le frisbee**

ဖရစ်ဘီး ခေါ် ပစ်၍ ကစားသည့် အပြား

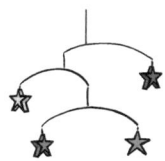

**le mobile**

ရွှေ့လျားနိုင်သော

**le jeu de société**

ဘုတ်ပြားပေါ် တွင် ကစားနည်း

**le dé**

အံစာတုံး

**le train miniature**

ကစားစရာ ရထား အစုံမော်ဒယ်

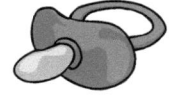

**la sucette**

အရုပ်

**la fête**

ပါတီ

**le livre d'images**

ရုပ်ပြစာအုပ်

**la balle**

ဘောလုံး

**la poupée**

အရုပ်မ

**jouer**

ကစားသည်

le bac à sable

ကစားသည့် သဲပုံး

la balançoire

ဒန်း

les jouets

အရုပ်များ

la console de jeu

ဗွီဒီယိုဂိမ်းကစားသည့် စက်

le tricycle

သုံးဘီး စက်ဘီး

l'ours en peluche

တက်ဒီ ဝက်ဝံရုပ်

l'armoire

အဝတ်ဗီရို

## les vêtements

### အဝတ်အစား

les chaussettes

ခြေအိတ်များ

les bas

အမျိုးသမီးဝတ် ခြေအိတ်ရှည်

le collant

အမျိုးသမီး ခြေအိတ်အကြပ်

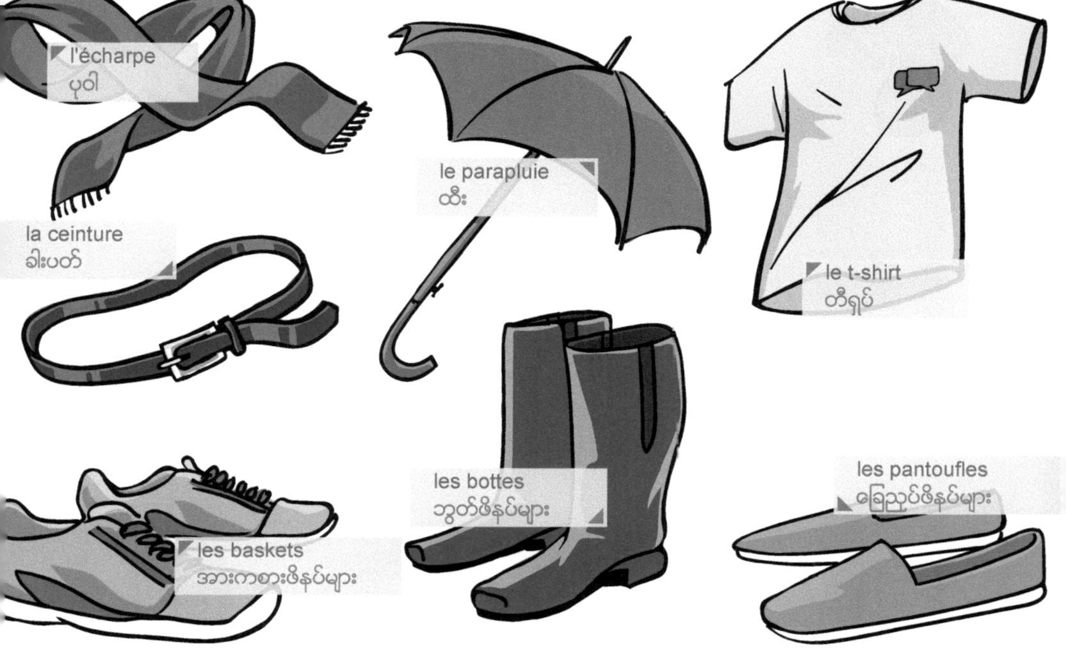

l'écharpe
ပုဝါ

le parapluie
ထီး

la ceinture
ခါးပတ်

le t-shirt
တီရှပ်

les bottes
ဘွတ်ဖိနပ်များ

les pantoufles
ခြေညှပ်ဖိနပ်များ

les baskets
အားကစားဖိနပ်များ

les sandales
ခြေစွပ် နောက်ပိတ်ဖိနပ်

les chaussures
ရှူးဖိနပ်များ

les bottes de caoutchouc
ရာဘာ ဘွတ်ဖိနပ်များ

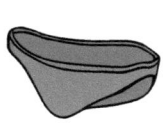

les sous-vêtements
အောက်ခံ အဝတ်များ

le soutien-gorge
ဘရာဇီယာ

le maillot de corps
အပေါ်ထပ် လက်ပြတ်အကျႌ

**le body**

ကိုယ်ခန္ဓာ

**le pantalon**

ဘောင်းဘီရှည်

**le jean**

ဂျင်းဘောင်းဘီ

**la jupe**

စကပ်

**le chemisier**

ဘလောက်စ်အကျႌ

**la chemise**

ရှပ်အကျႌ

**le pull**

ခေါင်းစွပ်အကျႌ

**le sweat à capuche**

ခေါင်းစွပ်ပါ အကျႌ

**la veste**

ဘလေဇာကုတ်အကျႌ

**la veste**

ဂျက်ကတ်အကျႌ

**le manteau**

ကုတ်အကျႌ

**l'imperméable**

မိုးကာ ကုတ်အကျႌ

**le costume**

ဝတ်စုံ

**la robe**

ဂါဝန်

**la robe de mariée**

လက်ထပ် ဝတ်စုံ

**le costume**
အနောက်တိုင်းဝတ်စုံပြည့်

**la chemise de nuit**
ညအိပ်အင်္ကျီ

**le pyjama**
ညအိပ်ဝတ်စုံ

**le sari**
ဆာရီ

**le foulard**
ခေါင်းအုပ်ပုဝါ

**le turban**
တာဘန် ခေါ် ခေါင်းပေါင်း

**la burqa**
ဘာကာခေါ်
အမျိုးသမီးခေါင်းအုပ်

**le caftan**
ကာ့ဖတန် ခေါ်
အမျိုးသားဝတ်ဘောင်းဘီ

**l'abaya**
အာဘာယာ ခေါ် မွတ်ဆလင်
အမျိုးသမီးဝတ်အင်္ကျီ

**le maillot de bain**
ရေကူးဝတ်စုံ

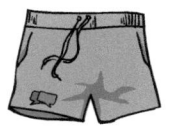

**le maillot de bain**
အဝတ်သေတ္တာ

**le short**
ဘောင်းဘီတို

**la tenue d'entraînement**
အားကစားဝတ်စုံ

**le tablier**
ခါးစည်း အဝတ်

**les gants**
လက်အိတ်များ

**le bouton**
ကြယ်သီး

**les lunettes**
မျက်မှန်

**le bracelet**
လက်ကောက်

**le collier**
လည်ဆွဲ

**la bague**
လက်စွပ်

**la boucle d'oreille**
နားကပ်

**le bonnet**
ခေါင်းဆောင်း ဦးထုပ်

**le cintre**
ကုတ်အကျီ ချိတ်

**le chapeau**
ဦးထုပ်

**la cravate**
နက်တိုင်

**la fermeture éclair**
ဇစ်

**le casque**
ဟဲလ်မက်ခေါ် ခေါင်းဆောင်း

**les bretelles**
သွားထိန်းများ

**l'uniforme scolaire**
ကျောင်းဝတ်စုံ

**l'uniforme**
ယူနီဖောင်းဝတ်စုံ

**le bavoir**
သွားရည်ခံ

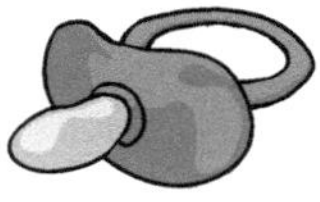

**la sucette**
အရုပ်

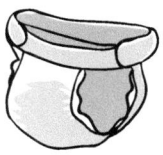

**la lange**
ကလးအနှီး

## le bureau
ရုံးခန်း

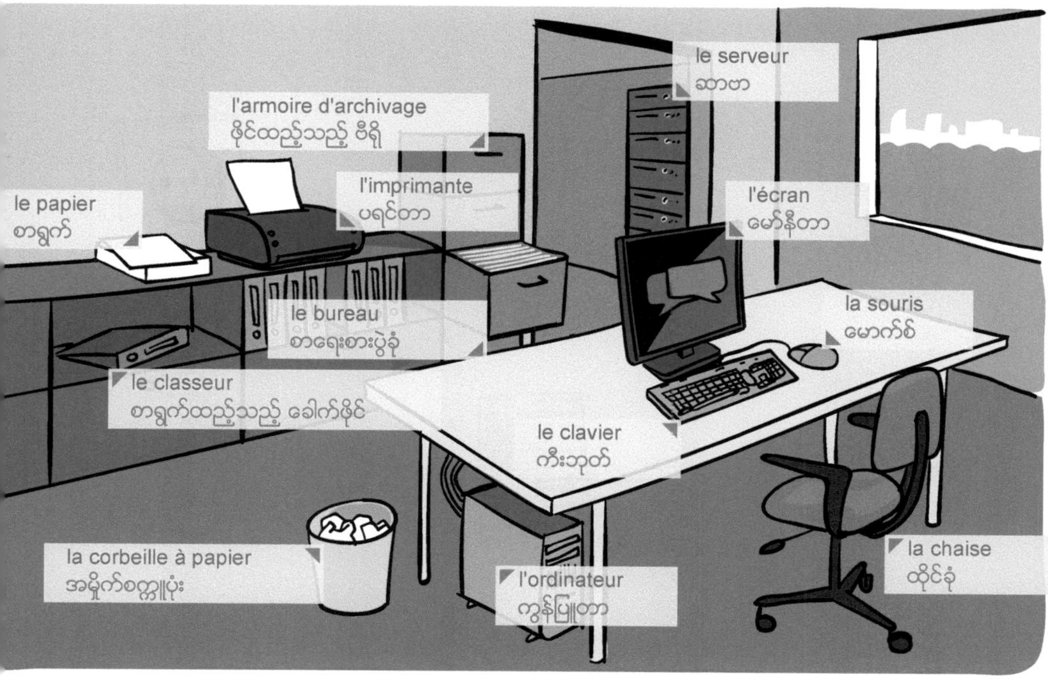

l'armoire d'archivage
ဖိုင်ထည့်သည့် ဗီရို

l'imprimante
ပရင်တာ

le papier
စာရွက်

le serveur
ဆာဗာ

l'écran
မော်နီတာ

le bureau
စာရေးစားပွဲခုံ

la souris
မောက်စ်

le classeur
စာရွက်ထည့်သည့် ခေါက်ဖိုင်

le clavier
ကီးဘုတ်

la corbeille à papier
အမှိုက်စက္ကူပုံး

la chaise
ထိုင်ခုံ

l'ordinateur
ကွန်ပြူတာ

**la tasse de café**
ကော်ဖီ မတ်ခွက်

**la calculatrice**
ဂဏန်းတွက်စက်

**l'internet**
အင်တာနက်

l'ordinateur portable

ပေါင်ပေါ်တင်ရိုက်နိုင်သည့် ကွန်ပြူတာ

la lettre

စာ

le message

မက်ဆေ့ချ်

le portable

မိုဘိုင်းဖုန်း

le réseau

ကွန်ရက်

la photocopieuse

မိတ္တူကူးစက်

le logiciel

ဆော့ဖ်ဝဲရ်

le téléphone

တယ်လီဖုန်း

la prise

ပလပ်ပေါက်

le fax

ဖက်စ်ပို့သည့် စက်

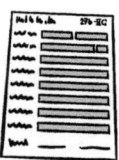

le formulaire

ပုံစံ

le document

စာရွက်စာတမ်း

acheter

ဝယ်ယူသည်

payer

ပေးအပ်သည်

faire du commerce

ကုန်သွယ်သည်

la monnaie

ပိုက်ဆံ

le dollar

ဒေါ်လာ

l'euro

ယူရိုငွေ

le yen

ယန်းငွေ

le rouble

ရူဘယ်ငွေ

le franc suisse

ဆွစ်ဇာလန်နိုင်ငံသုံးငွေ

le renminbi yuan

ရမ်မင်ဘီ ယွမ်

la roupie

ရူပီး

le distributeur automatique

ငွေချေသည့်နေရာ

le bureau de change

ငွေလဲဌာန

l'or

ရွှေ

l'argent

ငွေ

le pétrole

ဆီ

l'énergie

စွမ်းအင်

le prix

ဈေးနှုန်း

le contrat

စာချုပ်

la taxe

အခွန်

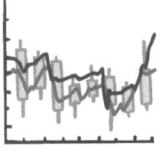

l'action

စတော့ဈေးကွက်

travailler

အလုပ်လုပ်သည်

l'employé

ဝန်ထမ်း

l'employeur

အလုပ်ရှင်

l'usine

စက်ရုံ

le magasin

ဆိုင်

# les professions
# အလုပ်အကိုင်များ

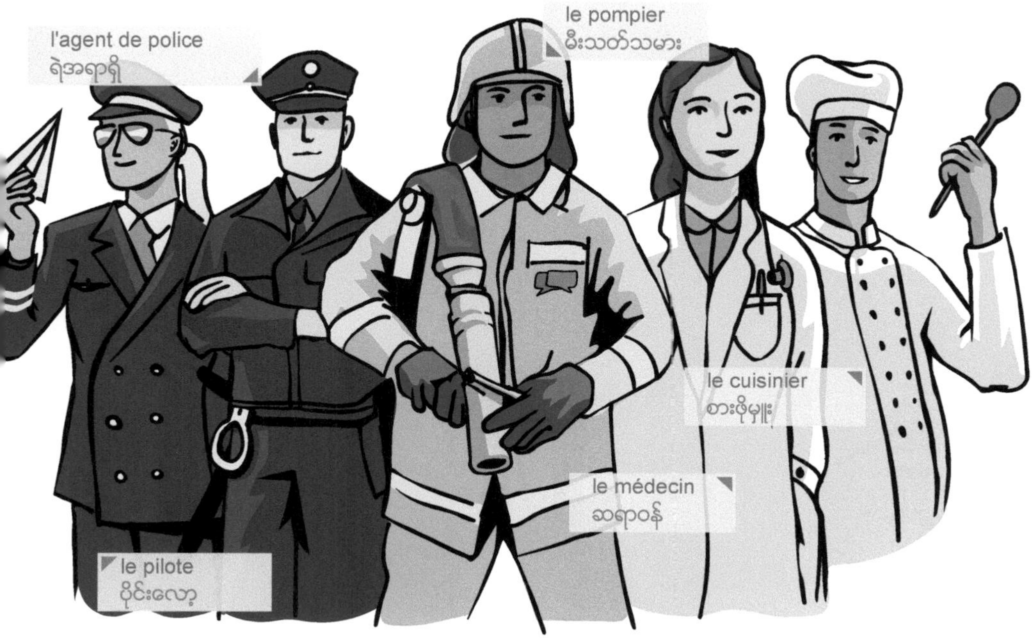
l'agent de police
ရဲအရာရှိ
le pompier
မီးသတ်သမား
le cuisinier
စားဖိုမှူး
le médecin
ဆရာဝန်
le pilote
ပိုင်းလော့

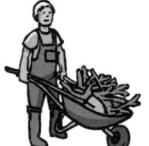

le jardinier

မာလီ

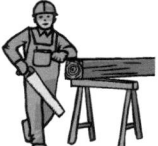

le menuisier

လက်သမား

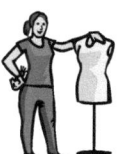

la couturière

စက်ချုပ်သူ

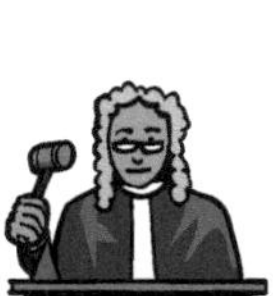

le juge

တရားသူကြီး

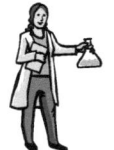

le chimiste

ဓာတုဗေဒပညာရှင်

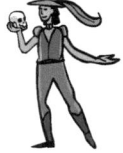

l'acteur

သရုပ်ဆောင်

le conducteur de bus

ဘတ်စ်ကားမောင်းသမား

le chauffeur de taxi

တက်စီမောင်းသူ

le pêcheur

ငါးဖမ်းသမား

la femme de ménage

သန့်ရှင်းရေး အလုပ်သမ

le couvreur

အမိုးပြင်သူ

le serveur

စားပွဲထိုး

le chasseur

အမဲလိုက်မုဆိုး

le peintre

ဆေးသုတ်သမား သို့မဟုတ်
ပန်းချီဆရာ

le boulanger

မုန့်ဖုတ်သမား

l'électricien

လျှပ်စစ်ပညာရှင်

l'ouvrier

ဆောက်လုပ်ရေးသမား

l'ingénieur

အင်ဂျင်နီယာ

le boucher

သားသတ်သမား

le plombier

ပိုက်ဆက်ဆရာ

le facteur

စာပို့သမား

**le soldat**
စစ်သား

**l'architecte**
ဗိသုကာပညာရှင်

**le caissier**
ငွေကိုင်

**le fleuriste**
ပန်းပညာရှင်

**le coiffeur**
ဆံပင်အလှပြင်သူ

**le contrôleur**
လက်မှတ်စစ်

**le mécanicien**
စက်ပြင်ဆရာ

**le capitaine**
ကပ္တိန်

**le dentiste**
သွားဘက်ဆိုင်ရာ ဆရာဝန်

**le scientifique**
သိပ္ပံပညာရှင်

**le rabbin**
ရာဘိုင်

**l'imam**
မွတ်ဆလင် တရားဟောဆရာ

**le moine**
ဘုန်းကြီး

**le prêtre**
တရားဟောဆရာ

# les outils
# ကိရိယာ တန်ဆာပလာများ

le marteau
တူ
les pinces
ပလာယာများ
le tournevis
ဝက်အူလှို့
la clé
စပန်နာ
la torche
လက်နှိပ်ဓာတ်မီး


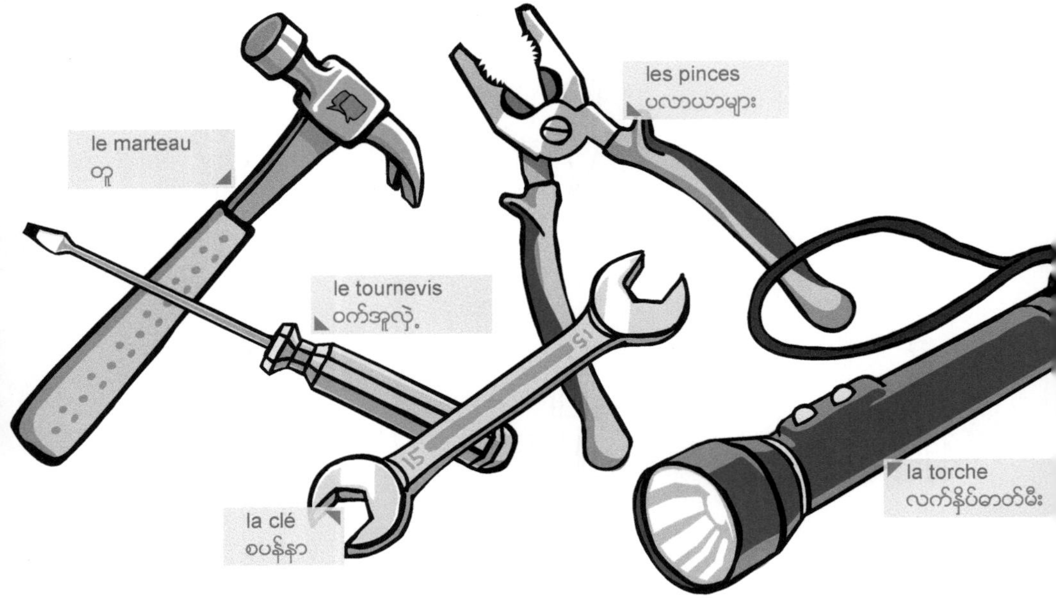

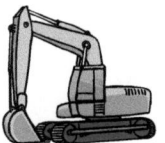

la pelleteuse

မြေတူးစက်

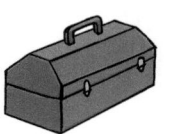

la boîte à outils

လက်သမားသုံးကိရိယာ
သေတ္တာ

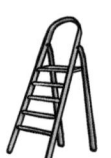

l'échelle

လှေကား

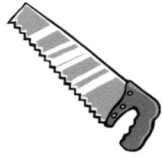

la scie

လွှ

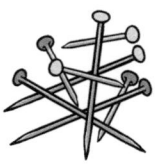

les clous

လက်သည်းများ

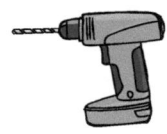

la perceuse

အပေါက်ဖောက်စက်

réparer
ပြင်ဆင်သည်

la pelle
ဂေါ်ပြား

Mince !
ရှုံးတဲ့မှုပဲ

la pelle
ဖုန်ကျုံးသည့် ဂေါ်ပြား

le pot de peinture
ဆေးရောင်အိုး

les vis
ဝက်အူများ

# les instruments de musique
## ဂီတတူရိယာများ

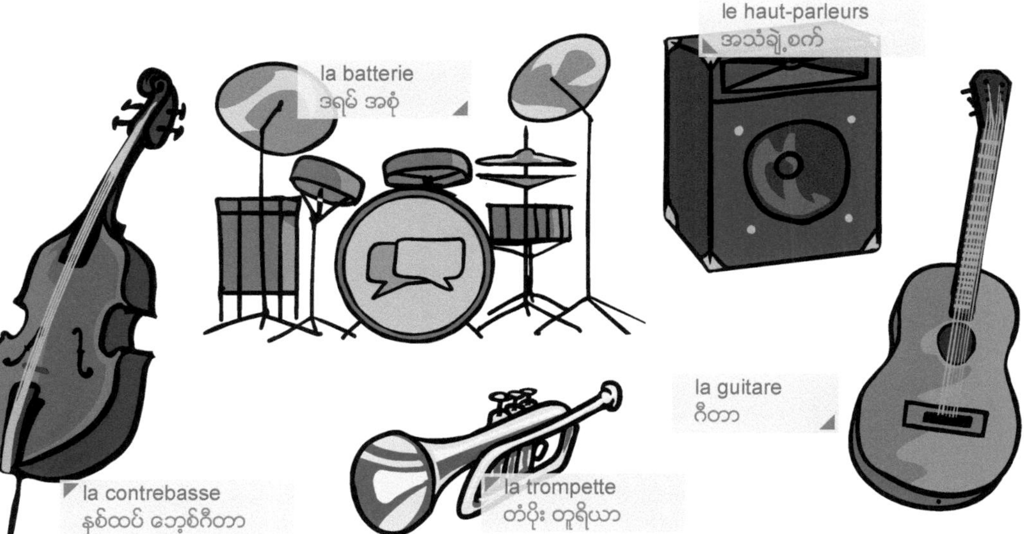

la batterie
ဒရမ် အစုံ

le haut-parleurs
အသံချဲ့ စက်

la contrebasse
နှစ်ထပ် ဘော့စ်ဂီတာ

la trompette
တံပိုး တူရိယာ

la guitare
ဂီတာ

**le piano**

စန္တယား

**le violon**

တယော

**la basse**

ဘေ့စ်ဂီတာ

**les timbales**

နားစည်အမြွေးပါး

**le tambour**

ဒရမ်များ

**le piano électrique**

ကီးဘုတ် တူရိယာ

**le saxophone**

ဆက်ဆိုဖုန်း ခေါ်
လေမှုတ်တူရိယာ

**la flûte**

ပုလွေ

**le microphone**

စကားပြောစက်

# le zoo
# တိရိစ္ဆာန်ရုံ

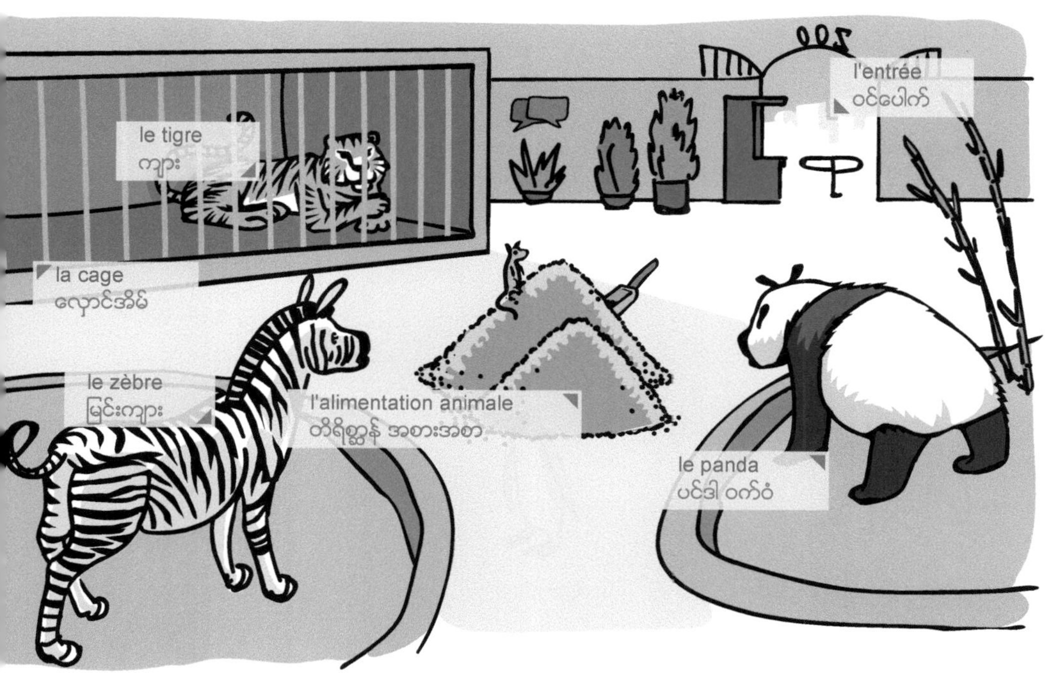
l'entrée
ဝင်ပေါက်
le tigre
ကျား
la cage
လှောင်အိမ်
le zèbre
မြင်းကျား
l'alimentation animale
တိရိစ္ဆာန် အစားအစာ
le panda
ပင်ဒါ ဝက်ဝံ

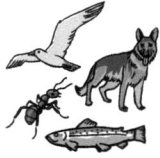

les animaux

တိရိစ္ဆာန်များ

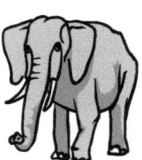

l'éléphant

ဆင်

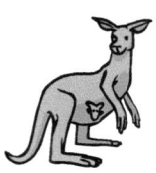

le kangourou

သားပိုက်ကောင်

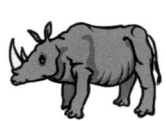

le rhinocéros

ကြံ့

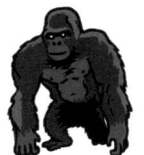

le gorille

ဂေါ်ရီလာမျောက်

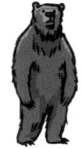

l'ours

ဝက်ဝံ

le chameau
ကုလားအုတ်

l'autruche
ငှက်ကုလားအုတ်

le lion
ခြင်္သေ့

le singe
မျောက်

le flamand rose
ဖလန်မင်းဂိုးငှက်

le perroquet
ကြက်တူရွေး

l'ours polaire
ဝိုလာဝက်ဝံ

le pingouin
ပင်ဂွင်းငှက်

le requin
ငါးမန်း

le paon
ဥဒေါင်းငှက်

le serpent
မြွေ

le crocodile
မိကျောင်း

le gardien de zoo
တိရိစ္ဆာန်ရုံ ထိန်းသိမ်းသူ

le phoque
ဖျံ

le jaguar
ကျားသစ်

**le poney**
ပိုနီမြင်း

**le léopard**
ကျားသစ်

**l'hippopotame**
ရေမြင်း

**la girafe**
သစ်ကုလားအုတ်

**l'aigle**
သိန်းငှက်

**le sanglier**
တောဝက်

**le poisson**
ငါး

**la tortue**
လိပ်

**le morse**
ပင်လယ်ဖျံကြီး

**le renard**
မြေခွေး

**la gazelle**
ဦးချိုပါ သမင်ညို့တစ်မျိုး

# les sports

## အားကစားများ

l'american Football
အမေရိကန် ဖွတ်ဘော
le cyclisme
စက်ဘီးစီးခြင်း
le tennis
တင်းနစ်ရိုက်ခြင်း
le basket-ball
ဘတ်စကက်ဘော
la natation
ရေကူးခြင်း
la boxe
လက်ဝှေ့
le hockey sur glace
ရေခဲပြင် ဟော်ကီ

le football
ဘောလုံးကန်ခြင်း

le badminton
ကြက်တောင်ရိုက်ခြင်း

l'athlétisme
ကိုယ်လက်လှုပ်ရှား အားကစားများ

le handball
ဟန်းဒ်ဘော ခေါ် လက်ပစ်ဘော

le ski
နှင်းလျှောစီးခြင်း

le polo
ပိုလို

# les activités
# လုပ်ရှားမှုများ

rire
ရယ်မောသည်
sauter
ခုန်သည်
embrasser
ပွေ့ဖက်သည်
marcher
လမ်းလျှောက်သည်
chanter
သီချင်းဆိုသည်
rêver
အိပ်မက်သည်
prier
ဆုတောင်းသည်
faire la bise
နမ်းရှုပ်သည်

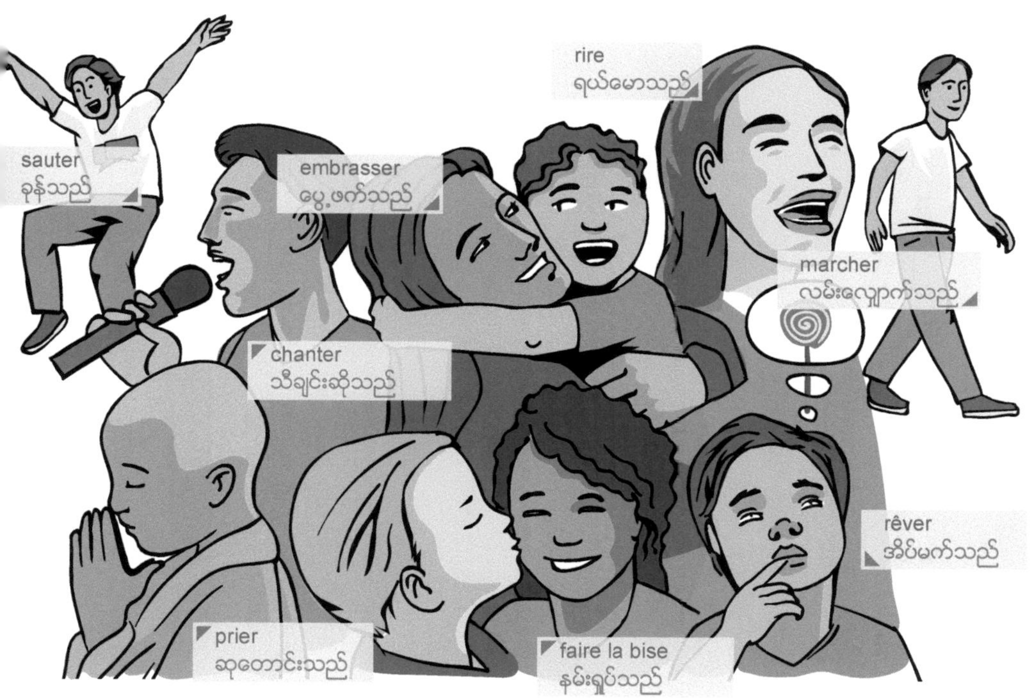

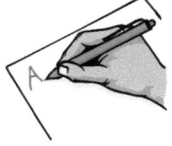

écrire
စာရေးသည်

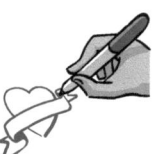

dessiner
ရေးဆွဲသည်

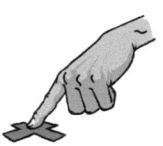

montrer
ပြသသည်

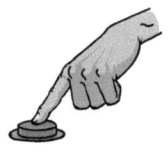

pousser
တွန်းသည်

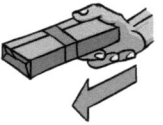

donner
ပေးသည်

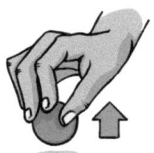

prendre
ယူသည်

avoir
ရှိသည်

faire
ပြုလုပ်သည်

être
ဖြစ်သည်

être debout
မတ်တပ်ရပ်သည်

courir
ပြေးသည်

trier
ခွဲသည်

jeter
ပစ်သည်

tomber
လဲကျသည်

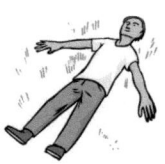

être couché
လိမ်လည်သည်

attendre
စောင့်ဆိုင်းသည်

porter
သယ်ဆောင်သည်

être assis
ထိုင်သည်

s'habiller
အဝတ်အစားဝတ်သည်

dormir
အိပ်သည်

se réveiller
အိပ်ယာမှ ထသည်

regarder
တစ်ခုခုကို ကြည့်ရှုသည်

pleurer
ငိုသည်

caresser
ပွတ်သပ်သည်

peigner
ဘီးဖြီးသည်

parler
စကားပြောသည်

comprendre
နားလည်သည်

demander
မေးသည်

écouter
နားထောင်သည်

boire
သောက်သည်

manger
စားသည်

ranger
သပ်ရပ်အောင်လုပ်သည်

aimer
ချစ်သည်

cuire
ချက်ပြုတ်သည်

conduire
မောင်းသည်

voler
ပျံသန်းသည်

les activités - လှုပ်ရှားမှုများ

faire de la voile

ရွက်လွှင့်သည်

calculer

တွက်ပါ

lire

ဖတ်သည်

apprendre

သင်ယူသည်

travailler

အလုပ်လုပ်သည်

se marier

လက်ထပ်သည်

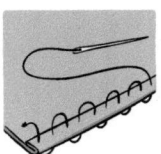

coudre

အပ်ချုပ်သည်

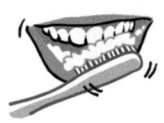

brosser les dents

သွားတိုက်သည်

tuer

သတ်သည်

fumer

ဆေးလိပ်သောက်သည်

envoyer

ပို့သည်

# la famille
# မိသားစု

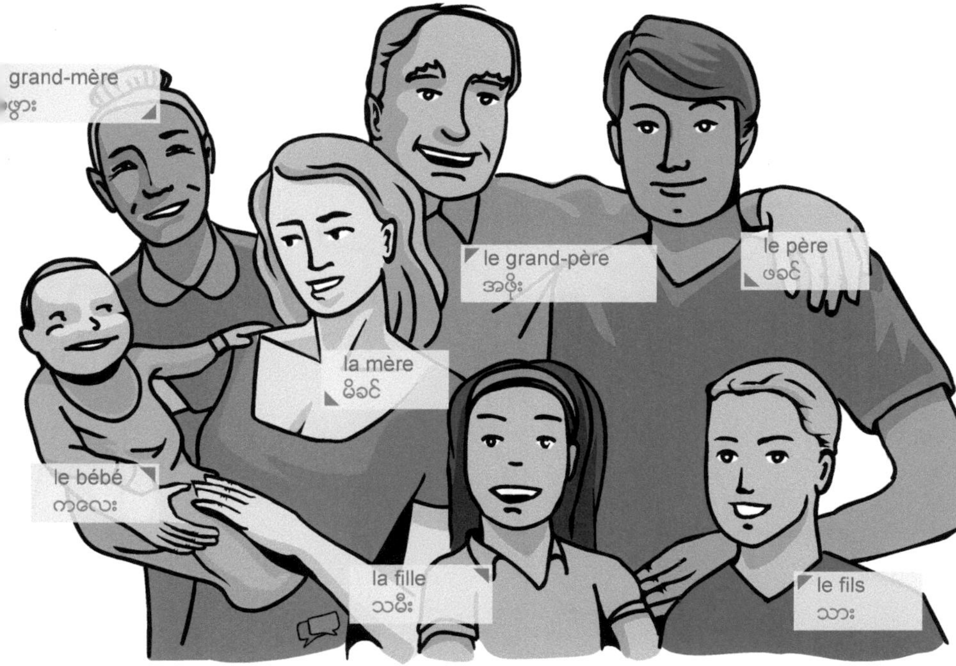

grand-mère
ဖွား
le grand-père
အဖိုး
le père
ဖခင်
la mère
မိခင်
le bébé
ကလေး
la fille
သမီး
le fils
သား


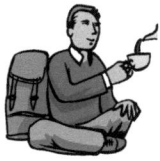

l'hôte

ဧည့်သည်

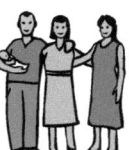

la tante

အဒေါ်

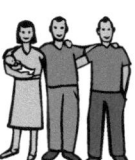

l'oncle

ဦးလေး

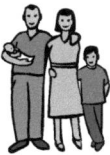

le frère

အစ်ကို

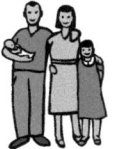

la sœur

အစ်မ

# le corps
# ကိုယ်ခန္ဓာ

le front
နဖူး
l'œil
မျက်လုံး
l'épaule
ပုခုံး
le doigt
လက်ချောင်း
le visage
မျက်နှာ
le menton
မေးစေ့
la main
လက်
la jambe
ခြေသလုံး
la poitrine
ရင်သား
le bras
လက်မောင်း

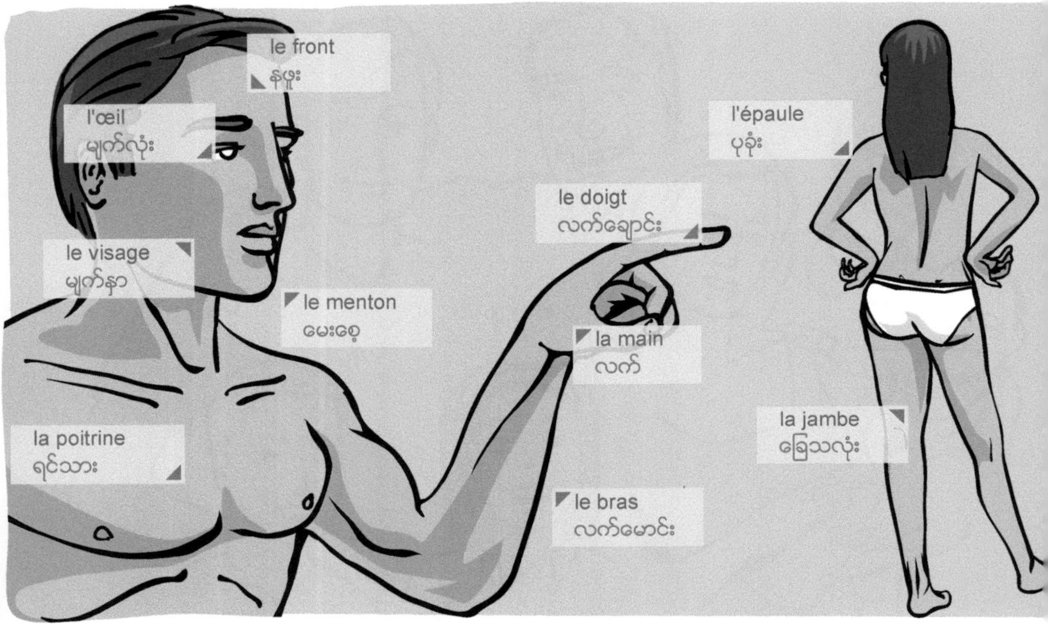

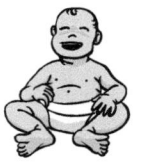

le bébé
ကလေး

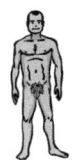

l'homme
ယောက်ျားကြီး

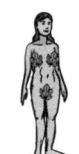

la femme
အမျိုးသမီးကြီး

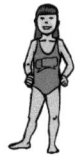

la fille
မိန်းကလေး

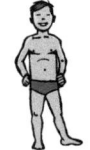

le garçon
ယောက်ျားလေး

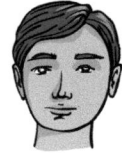

la tête
ဦးခေါင်း

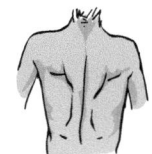

le dos

နောက်ကျော

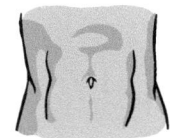

le ventre

ဗိုက်

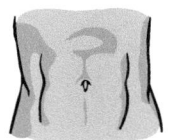

le nombril

ချက်

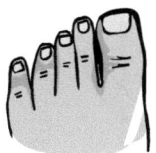

l'orteil

ခြေချောင်း

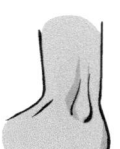

le talon

ဖနောင့်

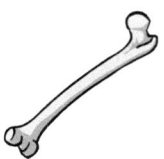

l'os

အရိုး

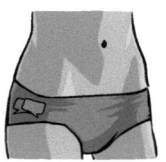

la hanche

တင်ရိုး

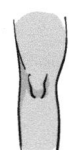

le genou

ဒူးခေါင်း

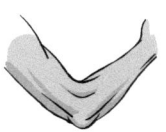

le coude

တံတောင်ဆစ်

le nez

နှာခေါင်း

les fesses

တင်ပါး

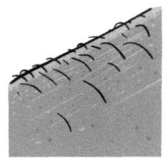

la peau

အရေပြား

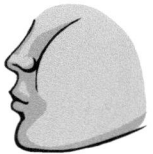

la joue

ပါးပြင်

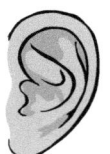

l'oreille

နား

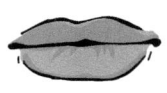

la lèvre

နှုတ်ခမ်း

le corps - ကိုယ်ခန္ဓာ

la bouche
ပါးစပ်

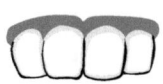

la dent
သွား

la langue
လျှာ

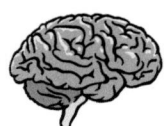

le cerveau
ဦးနှောက်

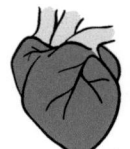

le cœur
နှလုံး

le muscle
ကြွက်သား

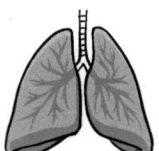

les poumons
အဆုတ်

le foie
အသည်း

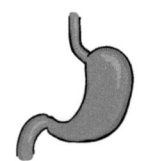

l'estomac
အစာအိမ်

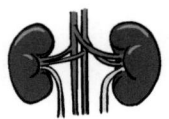

les reins
ကျောက်ကပ်များ

le rapport sexuel
လိင်

le préservatif
ကွန်ဒုံး

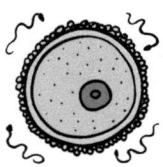

l'ovule
သားဥ

le sperme
သုတ်ရည်

la grossesse
ကိုယ်ဝန်

le corps - ကိုယ်ခန္ဓာ

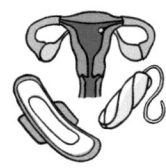

la menstruation

ဓမ္မတာလာခြင်း

le vagin

မိန်းမကိုယ်

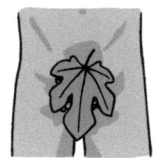

le pénis

လိင်တံ

le sourcil

မျက်ခုံး

les cheveux

ဆံပင်

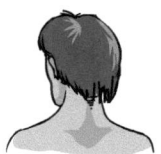

le cou

လည်ပင်း

# l'hôpital

## ဆေးရုံ

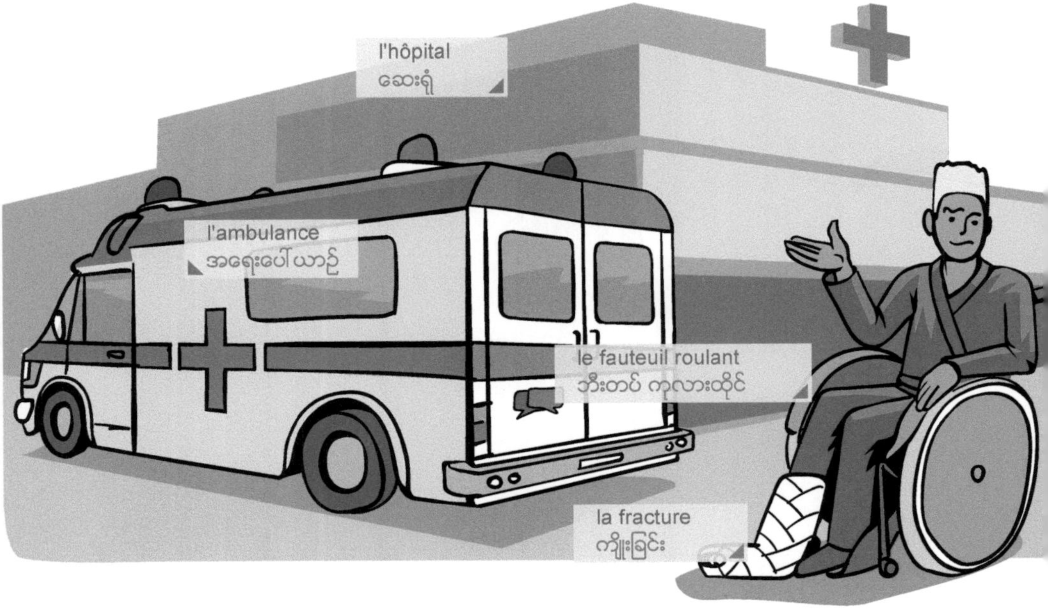

l'hôpital
ဆေးရုံ
l'ambulance
အရေးပေါ်ယာဉ်
le fauteuil roulant
ဘီးတပ် ကုလားထိုင်
la fracture
ကျိုးခြင်း

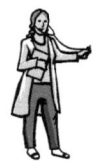

le médecin

ဆရာဝန်

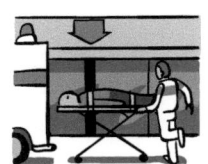

le service des urgences

အရေးပေါ် ဆေးကုသခန်း

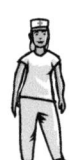

l'infirmière

သူနာပြု

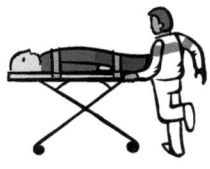

l'urgence

အရေးပေါ်

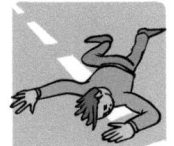

inconscient

သတိလစ်ခြင်း

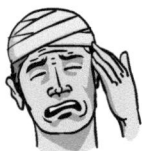

la douleur

နာခြင်း

la blessure

ဒဏ်ရာ

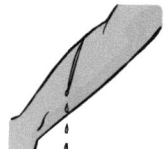

l'hémorragie

သွေးယိုထွက်ခြင်း

la crise cardiaque

နှလုံးရပ်ခြင်း

l'attaque cérébrale

လေဖြတ်ခြင်း

l'allergie

ဓာတ်မတည့်ခြင်း

la toux

ချောင်းဆိုးခြင်း

la fièvre

အဖျား

la grippe

တုပ်ကွေးရောဂါ

la diarrhée

ဝမ်းပျက်ဝမ်းလျှောခြင်း

le mal de tête

ခေါင်းကိုက်ခြင်း

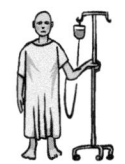

le cancer

ကင်ဆာရောဂါ

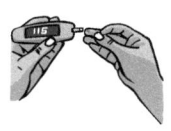

le diabète

ဆီးချိုရောဂါ

le chirurgien

ခွဲစိတ်ဆရာဝန်

le scalpel

ခွဲစိတ်ခန်းသုံးဓါးပါး

l'opération

ခွဲစိတ်ခြင်း

le CT

စီတီ

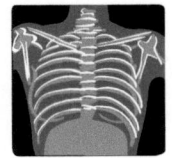

la radiographie

ဓာတ်မှန်

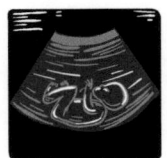

l'échographie

အာထရာဆောင်း

le masque

မျက်နှာဖုံး

la maladie

ရောဂါ

la salle d'attente

စောင့်ဆိုင်းရန် အခန်း

la béquille

ချိုင်းထောက်

le pansement

ပလာစတာ

le pansement

ပတ်တီး

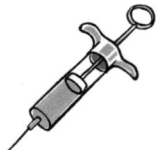

l'injection

ထိုးဆေး

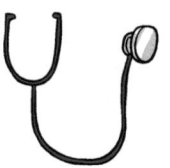

le stéthoscope

နားကြပ်

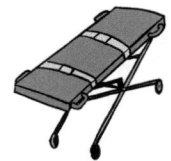

le brancard

လူနာတင်ထမ်းစင်

le thermomètre

ကုသရေးပိုင်းသုံး
အပူချိန်တိုင်းသာမိုမီတာ

l'accouchement

မွေးဖွားခြင်း

la surcharge pondérale

အဝလွန်ခြင်း

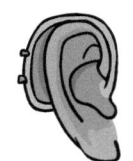

l'appareil auditif

နားကြားကိရိယာ

le désinfectant

ပိုးသတ်ဆေး

l'infection

ရောဂါကူးစက်ခြင်း

le virus

ဗိုင်းရပ်စ်ပိုး

le VIH / le sida

အိတ်ချ်အိုင်ဗွီ /
အေအိုင်ဒီအက်စ်

le médicament

ဆေးဝါး

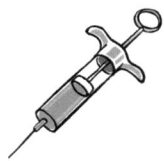

la vaccination

ကာကွယ်ဆေးထိုးခြင်း

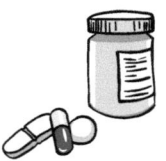

les comprimés

ဆေးလုံးများ

la pilule

ဆေးလုံး

l'appel d'urgence

အရေးပေါ် ဖုန်းခေါ် ဆိုမှု

le tensiomètre

သွေးဖိအား စောင့်ကြည့်သည့်
ကိရိယာ

malade / sain

နာမကျန်းသော / ကျန်းမာသော

l'alarme
..............
အရေးပေါ် ခေါင်းလောင်း

l'assaut
..............
ရှိက်နက်သည်

Au secours !
..............
ကူညီကြပါ။

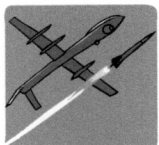

l'attaque
..............
တိုက်ခိုက်သည်

le danger
..............
အန္တရာယ်

la sortie de secours
..............
အရေးပေါ် ထွက်ပေါက်

Au feu!
..............
မီး။

l'extincteur
..............
မီးသတ်ဘူး

l'accident
..............
မတော်တဆဖြစ်ရပ်

la trousse de premier
secours
..............
ကြက်ခြေနီ ဆေးပုံး

SOS
..............
အက်စ်အိုအက်စ်

la police
..............
ရဲ

l'Europe

ဥရောပတိုက်

l'Amérique du Nord

မြောက်အမေရိကတိုက်

l'Amérique du Sud

တောင်အမေရိကတိုက်

l'Afrique

အာဖရိကတိုက်

l'Asie

အာရှတိုက်

l'Australie

ဩစတြေးလျတိုက်

l'Océan atlantique

အတ္တလန္တိတ် သမုဒ္ဒရာ

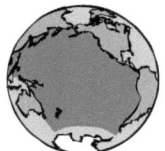

l'Océan pacifique

ပစိဖိတ် သမုဒ္ဒရာ

l'Océan indien

အိန္ဒိယ သမုဒ္ဒရာ

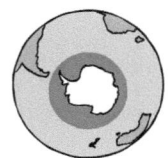

l'Océan antarctique

အန္တာတိတ် သမုဒ္ဒရာ

l'Océan arctique

အာတိတ် သမုဒ္ဒရာ

le Pôle nord

မြောက်ဝင်ရိုးစွန်း

le Pôle sud

တောင်ဝင်ရိုးစွန်း

l'Antarctique

အန္တာတိကတိုက်

la terre

ကမ္ဘာမြေကြီး

le pays

ကုန်းမြေ

la mer

ပင်လယ်

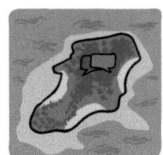

l'île

ကျွန်း

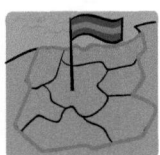

la nation

နိုင်ငံကူးလက်မှတ်

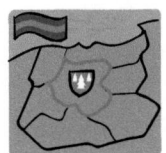

l'état

ပြည်နယ်

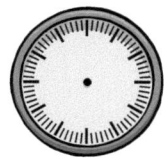

le cadran

နာရီမျက်နှာပြင်

l'aiguille des heures

နာရီလက်တံ

l'aiguille des minutes

မိနစ်လက်တံ

l'aiguille des secondes

ဒုတိယလက်တံ

Quelle heure est-il ?

ဘယ်အချိန်ရှိပြီလဲ။

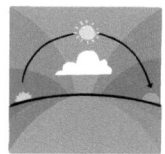

le jour

ရက်

le temps

အချိန်

maintenant

ယခု

la montre digitale

ဒစ်ဂျစ်တယ် လက်ပတ်နာရီ

la minute

မိနစ်

l'heure

နာရီ

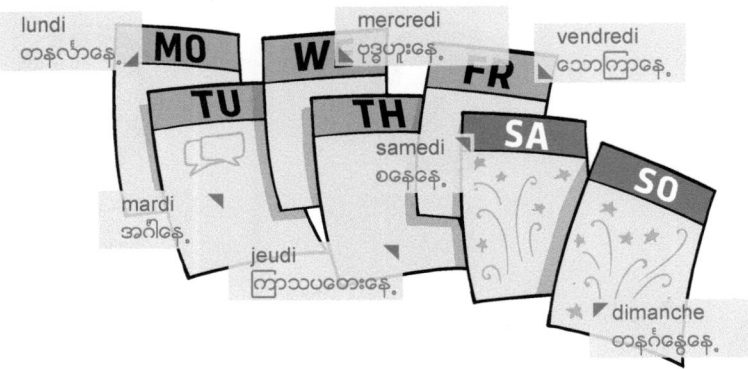

lundi / တနင်္လာနေ့
mardi / အင်္ဂါနေ့
mercredi / ဗုဒ္ဓဟူးနေ့
jeudi / ကြာသပတေးနေ့
vendredi / သောကြာနေ့
samedi / စနေနေ့
dimanche / တနင်္ဂနွေနေ့

hier
မနေ့က

aujourd'hui
ယနေ့

demain
မနက်ဖြန်

le matin
မနက်

le midi
နေ့လည်

le soir
ညနေ

| MO | TU | WE | TH | FR | SA | SU |
|----|----|----|----|----|----|----|
| 1 | 2 | 3 | 4 | 5 | 6 | 7 |
| 8 | 9 | 10 | 11 | 12 | 13 | 14 |
| 15 | 16 | 17 | 18 | 19 | 20 | 21 |
| 22 | 23 | 24 | 25 | 26 | 27 | 28 |
| 29 | 30 | 31 | 1 | 2 | 3 | 4 |

les jours ouvrables
အလုပ်လုပ်ရက်များ

| MO | TU | WE | TH | FR | SA | SU |
|----|----|----|----|----|----|----|
| 1 | 2 | 3 | 4 | 5 | 6 | 7 |
| 8 | 9 | 10 | 11 | 12 | 13 | 14 |
| 15 | 16 | 17 | 18 | 19 | 20 | 21 |
| 22 | 23 | 24 | 25 | 26 | 27 | 28 |
| 29 | 30 | 31 | 1 | 2 | 3 | 4 |

le week-end
စနေ တနင်္ဂနွေ အားလပ်ရက်

# l'année
## နှစ်

la pluie
မိုး
l'arc-en-ciel
သက်တန့်
la neige
နှင်း
le vent
လေ
le printemps
နွေဦးရာသီ
l'été
နွေရာသီ
l'automne
ဆောင်းဦးရာသီ
l'hiver
ဆောင်းရာသီ

4.APRIL 11°
5.APRIL 4°
6.APRIL 13°
7.APRIL 8°
8.APRIL 10°

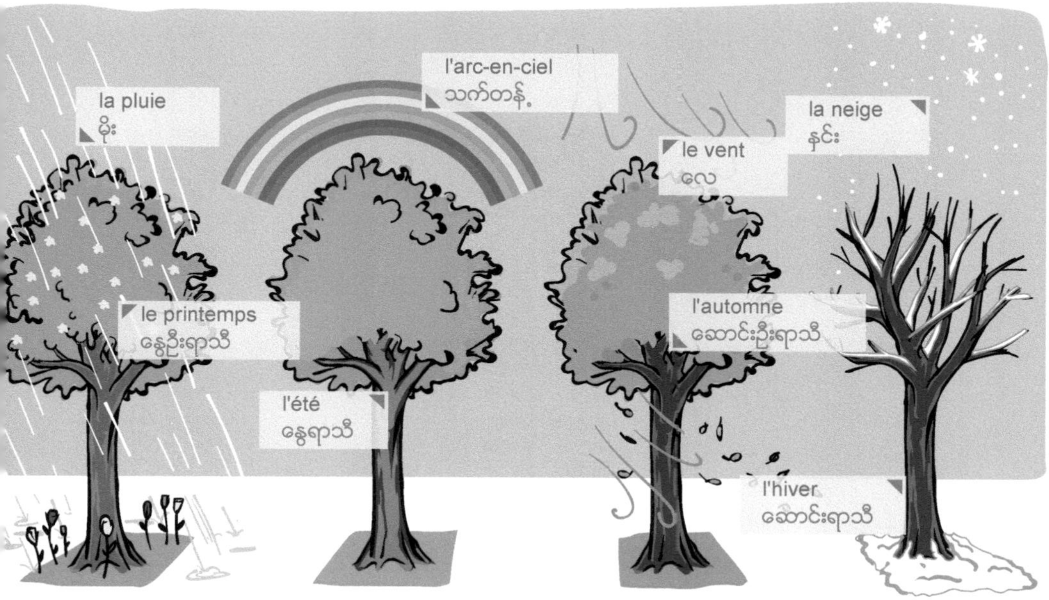

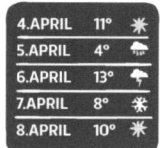

la météo

လေဝသ ကြိုတင်ခန့်မှန်းချက်

F
C
120
90
60
30
0
-30
40
30
20
10
0
-10
-20

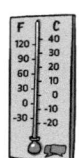

le thermomètre

အပူချိန်တိုင်း ကိရိယာ

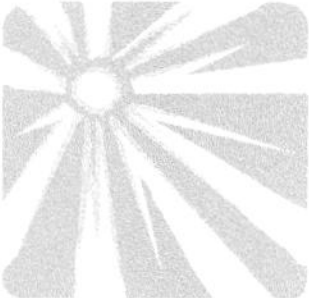

la lumière du soleil

နေရောင်ခြည်

le nuage

တိမ်

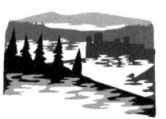

le brouillard

မြူ

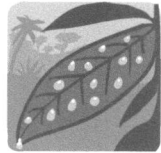

l'humidité

စိုထိုင်းဆ

la foudre

လျှပ်စီးလက်ခြင်း

la tonnerre

မိုးကြိုး

la tempête

မုန်တိုင်း

la grêle

မိုးသီး

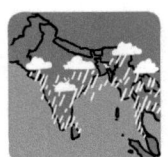

la mousson

မိုးရာသီ

l'inondation

ရေကြီးခြင်း

la glace

ရေခဲ

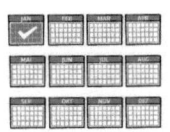

janvier

ဇန္နဝါရီလ

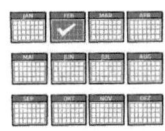

février

ဖေဖော်ဝါရီလ

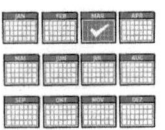

mars

မတ်လ

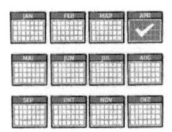

avril

ဧပြီလ

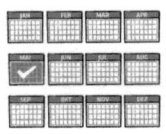

mai

မေလ

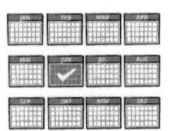

juin

ဇွန်လ

juillet

ဇူလိုင်လ

août

သြဂုတ်လ

septembre

စက်တင်ဘာလ

octobre

အောက်တိုဘာလ

novembre

နိုဝင်ဘာလ

décembre

ဒီဇင်ဘာလ

## les formes

### ပုံစံများ

le cercle

စက်ဝိုင်း

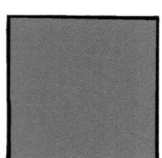

le carré

စတုရန်း

le rectangle

ထောင့်မှန်စတုဂံ

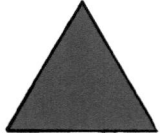

le triangle

တြိဂံ

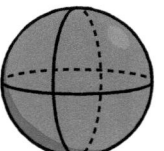

la sphère

စက်ဝန်း

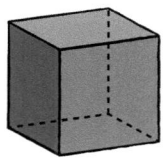

le cube

အတုံး

blanc

အဖြူရောင်

jaune

အဝါရောင်

orange

လိမ္မော်ရောင်

rose

ပန်းရောင်

rouge

အနီရောင်

violet

ခရမ်းရောင်

bleu

အပြာရောင်

vert

အစိမ်းရောင်

marron

အညိုရောင်

gris

မီးခိုးရောင်

noir

အနက်ရောင်

**beaucoup / peu**

အများအပြား / အနည်းငယ်

**fâché / calme**

စိတ်ဆိုးသော /
စိတ်တည်ငြိမ်သော

**joli / laid**

လှပသော / ရုပ်ဆိုးသော

**le début / la fin**

အစ / အဆုံး

**grand / petit**

အကြီးသော / အငယ်

**clair / obscure**

တောက်ပသော / မှောင်မဲသော

**frère / soeur**

ညီအစ်ကို / ညီအစ်မ

**propre / sale**

သန့်ရှင်းသော / ညစ်ပတ်သော

**complet / incomplet**

ပြည့်စုံသော / မပြည့်စုံသော

**le jour / la nuit**

နေ့ / ည

**mort / vivant**

သေသော / ရှင်သော

**large / étroit**

ကျယ်သော / ကျဉ်းသော

comestible / incomestible

စားသုံးနိုင်သော /
မစားသုံးနိုင်သော

méchant / gentil

စိတ်ယုတ်သော / ကြင်နာသော

excité / ennuyé

စိတ်လှုပ်ရှားဖွယ် / ပျင်းရိဖွယ်

gros / mince

ဝသော / ပိန်သော

le premier / le dernier

ပထမ / နောက်ဆုံးပိတ်

l'ami / l'ennemi

မိတ်ဆွေ / ရန်သူ

plein / vide

အပြည့် / ဘာမှမရှိ

dur / souple

မာသော / ပျော့သော

lourd / léger

လေးလံသော / ပေါ့ပါးသော

faim / soif

ဆာလောင်သော / ရေဆာသော

malade / sain

နာမကျန်းသော / ကျန်းမာသော

illégal / légal

တရားမဝင်သော /
တရားဝင်သော

intelligent / stupide

ဉာဏ်ကောင်းသော /
ထိုင်းသော

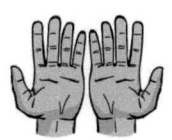

gauche / droite

ဘယ် / ညာ

proche / loin

နီးသော / ဝေးသော

les oppositions - ဆန့်ကျင်ဖက်များ

**nouveau / usé**
အသစ် / အသုံးပြုပြီးသား

**rien / quelque chose**
ဘာမှမရှိ / တစ်ခုခု

**vieux / jeune**
အသက်ကြီးသော /
ငယ်ရွယ်သော

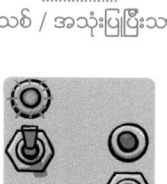

**marche / arrêt**
ဖွင့်သော / ပိတ်သော

**ouvert / fermé**
ဖွင့်သော / ပိတ်သော

**faible / fort**
တိတ်ဆိတ် / ကျယ်လောင်

**riche / pauvre**
ချမ်းသာ / ဆင်းရဲ

**correct / incorrect**
အမှန် / အမှား

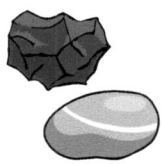

**rugueux / lisse**
ကြမ်းတမ်း / ချောမွေ့

**triste / heureux**
ဝမ်းနည်း / ဝမ်းသာ

**court / long**
အတို / အရှည်

**lent / rapide**
အနေး / အမြန်

**mouillé / sec**
တ်သော / ခြောက်သွေ့သော

**chaud / froid**
နွေးထွေးသော / အေးမြသော

**la guerre / la paix**
စစ် / ငြိမ်းချမ်းရေး

# les nombres

**0**

zéro
သုည

**1**

un / une
တစ်

**2**

deux
နှစ်

**3**

trois
သုံး

**4**

quatre
လေး

**5**

cinq
ငါး

**6**

six
ခြောက်

**7**

sept
ခုနစ်

**8**

huit
ရှစ်

**9**

neuf
ကိုး

**10**

dix
တစ်ဆယ်

**11**

onze
ဆယ့်တစ်

**12**

douze

ဆယ့်နှစ်

**13**

treize

ဆယ့်သုံး

**14**

quatorze

ဆယ့်လေး

**15**

quinze

ဆယ့်ငါး

**16**

seize

ဆယ့်ခြောက်

**17**

dix-sept

ဆယ့်ခုနစ်

**18**

dix-huit

ဆယ့်ရှစ်

**19**

dix-neuf

ဆယ့်ကိုး

**20**

vingt

နှစ်ဆယ်

**100**

cent

ရာ

**1.000**

mille

ထောင်

**1.000.000**

le million

မီလျံ

# les langues
## ဘာသာစကားများ

l'anglais
အင်္ဂလိပ် ဘာသာစကား

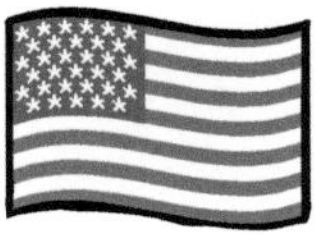

l'anglais américain
အမေရိကန် အင်္ဂလိပ် ဘာသာစကား

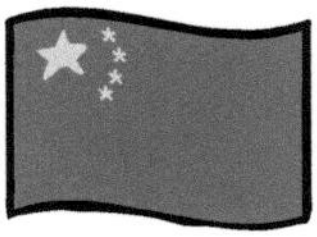

le chinois mandarin
တရုတ် မန်ဒရင်း ဘာသာစကား

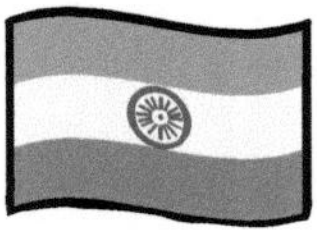

le hindi
ဟိန္ဒူ ဘာသာစကား

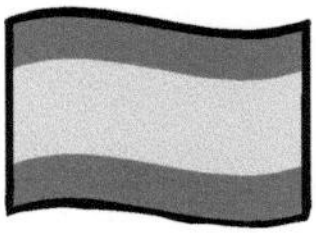

l'espagnol
စပိန် ဘာသာစကား

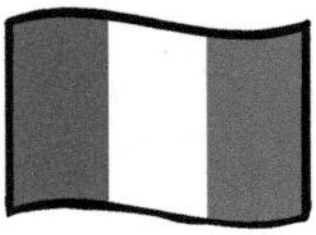

le français
ပြင်သစ် ဘာသာစကား

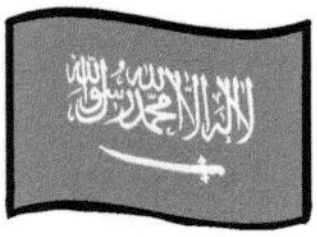

l'arabe
အာရာဗီ ဘာသာစကား

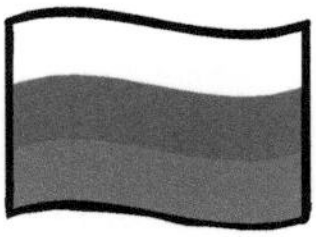

le russe
ရုရှ ဘာသာစကား

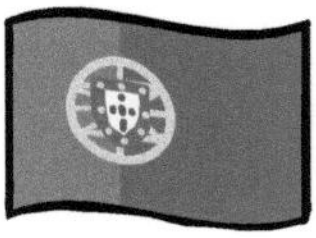

le portugais
ပေါ်တူဂီ ဘာသာစကား

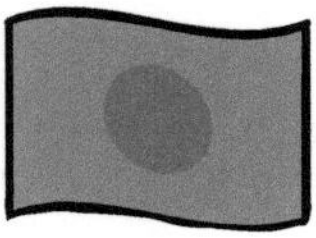

le bengali
ဘင်္ဂါလီ ဘာသာစကား

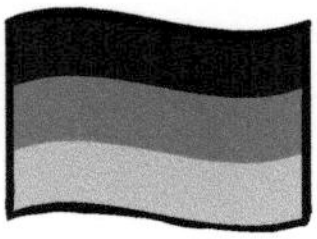

l'allemand
ဂျာမန် ဘာသာစကား

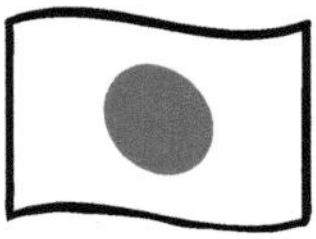

le japonais
ဂျပန် ဘာသာစကား

# qui / quoi / comment
# ဘယ်သူ / ဘာ / ဘယ်လိုပုံ

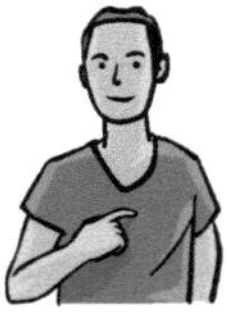

je

ကျွန်ုပ်

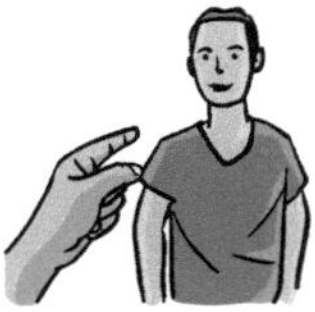

tu

သင်

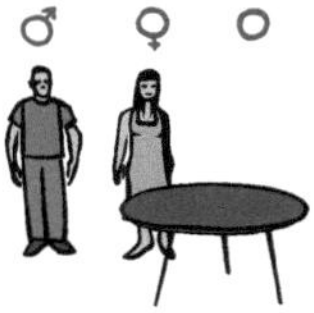

il / elle / ce, c', cela

သူ / သူမ / ၎င်း

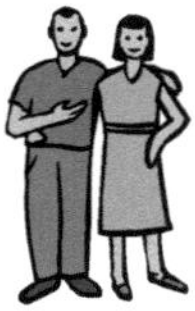

nous

ကျွန်ုပ်တို့

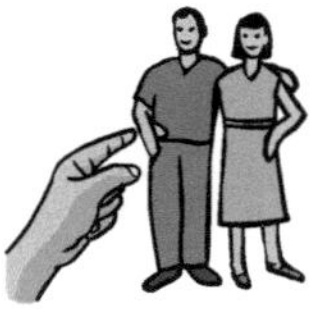

vous

သင်တို့

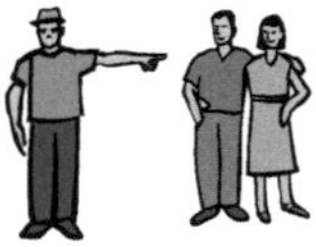

ils / elles

သူတို့

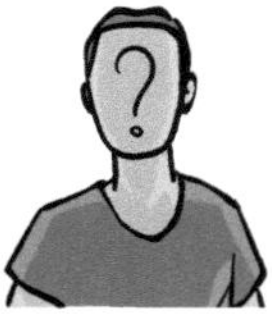

Qui ?

ဘယ်သူလဲ။

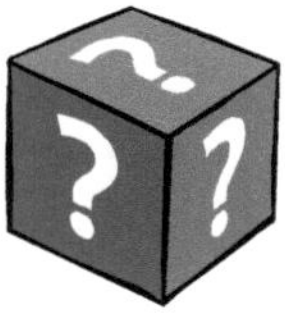

Quoi ?

ဘာလဲ။

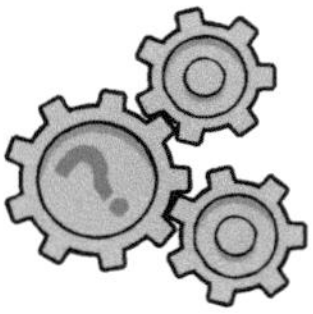

Comment ?

ဘယ်လိုလဲ။

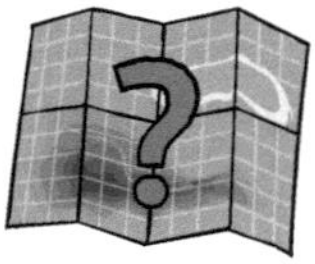

Où ?

ဘယ်နေရာလဲ။

Quand ?

ဘယ်အချိန်လဲ။

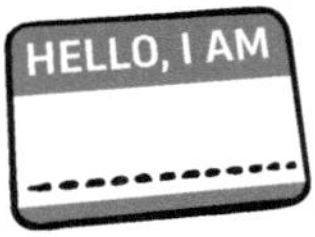


le nom

အမည်

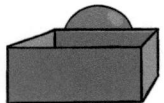

**derrière**

အနောက်ဖက်

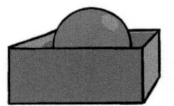

**dans**

အတွင်း

**devant**

အရှေ့ဖက်

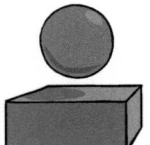

**au-dessus**

အထက်ဖက်

**sur**

အပေါ်ဖက်

**en-dessous**

အောက်ဖက်

**à côté de**

ဘေးဖက်

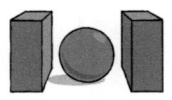

**entre**

ကြား

**le lieu**

နေရာ